A Crash Course in Chinese as a Foreign Language

对外汉语速成系列教材

U0745330

Easy Learning Chinese

乐学汉语

进阶篇·第三册 Advanced Course

主　编　鹿钦佞

副主编　项晨辰　姚远　洪豆豆

编　者　项晨辰　何敏　芦敬　姜春花　鹿钦佞　姚远　洪豆豆

译　者　张淳

3

上海外语教育出版社
SHANGHAI FOREIGN LANGUAGE EDUCATION PRESS

图书在版编目（CIP）数据

乐学汉语. 进阶篇. 第3册/鹿钦佞主编；项晨辰等编著.
—上海：上海外语教育出版社，2021
对外汉语速成系列教材
ISBN 978 – 7 – 5446 – 6801 – 9

I.①乐… II.①鹿… ②项… III.①汉语—对外汉语教学—教材
IV.①H195.4

中国版本图书馆CIP数据核字(2021)第059584号

出版发行：**上海外语教育出版社**
　　　　　（上海外国语大学内）　邮编：200083
电　　话：021-65425300（总机）
电子邮箱：bookinfo@sflep.com.cn
网　　址：http://www.sflep.com
责任编辑：杨莹雪

印　　刷：上海龙腾印务有限公司
开　　本：890×1240　1/16　印张 14.25　字数 351千字
版　　次：2021 年 9 月第 1 版　　2021 年 9 月第 1 次印刷

书　　号：ISBN 978-7-5446-6801-9
定　　价：68.00 元

本版图书如有印装质量问题, 可向本社调换
质量服务热线：4008-213-263　电子邮箱：editorial@sflep.com

前言 Preface

《对外汉语速成系列教材·乐学汉语》（*A Crash Course in Chinese as a Foreign Language·Easy Learning Chinese*）共8册（基础篇1-4册（Basic Course 1-4），进阶篇1-4册（Advanced Course 1-4）），每册15课。本教材既适合于作为短期汉语口语速成教学教材，也可作为以一学期为单位的汉语口语训练教材，使用本教材的教学单位可以根据实际需要来选择。其中，基础篇第1册适用对象是零起点的汉语初学者，进阶篇第1册适用对象是HSK四级及以上学习者。

本教材节奏明快，讲、学、练紧密结合，可以让学习者在短期内取得明显的进步，特别是在口语表达和听力理解两个方面达到速成的目标。书写与认读方面，教材坚持抓大放小，实事求是，兼顾基础与提高。

一、教材的体例

1. 热身准备：通过看、听、问、答等方式来对本课训练的主要功能项进行课前预备。

2. 课文：进阶篇每课的主课文由短文和对话两部分组成。短文与对话话题相关，短文着重于正式语体成段表达训练，对话更关注会话能力的训练，二者互为补充、相辅相成。为体现教材清晰、明快的特色，每一课不列总生词表，而是在每一段课文之下配该段的生词表。词汇的呈现方式不单单以词汇学意义上的词汇为单位，同时也关照了韵律词汇和心理词汇。

3. 注释：注释是对非重点的语法、词汇和文化常识所做的说明。

4. 语言点讲练：语言点部分"讲"得少而"练"得多，旨在让学生通过练习和观察，运用认知能力来自觉总结语言规则；语言点讲练注重句法、语义和语用的结合，使学生能够正确地理解和运用。

5. 会话实践：这部分其实是主课文（对话／短文）的延伸，通过回答问题、课文练习、活学活用等环节对主课文中的核心句进行反复训练，达到熟能生巧的目的。

6. 练习：对本课的功能项、话题所需要掌握的词、句和表达方式进行集中练习。练习题目形式多样，题量适中，兼顾各种语言要素和语言技能，真正体现精讲多练的原则。

7. 拓展：旨在鼓励学生根据不同情境对本课乃至之前所学词汇、语言表达等进行创造性重组，并综合性运用。温故知新，融会贯通，分享超越，从而顺利将学习内容从课堂延伸至社会生活。

8. 全书后附语言点讲练参考答案（含语言点索引）和总生词表。

二、教材的特色

本教材有以下五个方面的特色。

第一，教材的编写严格依据《国际汉语教学通用课程大纲》《对外汉语汉字与词汇等级大纲》《对外汉语语法大纲》《HSK大纲（词汇、语法）》《欧洲语言共同参考框架》等纲领性文件，在功能确定、话题选择、词汇和语法项目的选取和复现等方面广泛参考当前的研究成果；教材兼顾输入和输出，注重语法、词汇和功能项以滚动、螺旋状方式上升，特别强调学习规律。基础篇1-4册完全覆盖HSK三级的功能、语法和词汇要求，并覆盖部分HSK四级的内容；进阶篇1-4册完全覆盖HSK五级的功能、语法和词汇要求，并覆盖部分HSK六级的内容。进阶篇每册设置15个话题，功能项20个左右，常用词汇450个左右，语言点60条左右。

第二，本教材极具时代性，十分关注当代中国的语言和文化动态。教材对社会生活中出现的新现象、学生迫切需要掌握的时代语言尤为关注，通过前期调研，充分掌握学生需求，对一些新词汇、新表达（例如APP点餐、电话约车、网络订票等）、新颖而重要的功能项目作全面的整理和精心的设计，必要时教材会增加辅助的网络或者手机客户端的操练内容，增强教材的多模态性。课文内容轻松活泼、篇幅短小、新颖有趣，融入了当代中国年轻人的微信社交、网络订餐等生活元素，富有时代感，符合当代人的生活实情，有助于学生在轻松的课堂氛围下高效地开展各种学习活动。

第三，本教材强调实用，在语言风格上追求原汁原味、自然平实的口语表达。教材设计将课文内容与学生可能遇到的各种生活情境相关联，并关注到学生在华期间的出行、社交、娱乐、购物等应急之需。利用目的语环境，将课堂拓展到社会，力求将课堂与社区、社会打通，课堂所学可以马上运用到课下，可以最大程度地帮助学生将所学迁移到真实社会场景中，真正贯彻学以致用的原则；教材中短小实用的句子可以有效激发学生开口说汉语的愿望，提高他们使用汉语的自信。

第四，编写时充分考虑到了教师的教学设计，对于教学过程、教学环节、教学内容、操练方法、拓展训练内容和模式均进行了充分的设计。一切设计围绕学生的训练进行，一切设计服务于课堂教学。对于教师来说，使用本教材极易上手，它完全以学生为中心，教材内容体现了教学内容和教学设计，大大节约了授课教师的备课时间，同时也给教师留足了发挥的余地和收放的空间。

第五，本教材以功能为主线，兼顾语言结构。首先确定学生务必掌握的功能项，在此基础上选择必要的、学生可能感兴趣的话题，最后根据话题的需要，在多种大纲的指导下确定语言点和词汇项，最后编制主课文。教材会根据功能、词汇与语言点项目复杂度与难度的不同进行升级式复现。如前面出现了"服务员"，后面会出现更通行的"帅哥""美女"；在学习过"你好"的问候方式之后，还要学会更多的"明知故问"型的、地道的中国式表达。

三、使用建议

第一，本教材建议课时为：每课4-5课时，每册教学共需约60课时。

第二，教师是课堂活动的组织者，须利用、创造各种机会让学生进行言语操练。特别是主课文教学，教师应当紧紧围绕核心句的理解和表达、语义和语用、语言风格与人物个性等多个角度进行讲练。通过会话实践、练习和拓展等环节，帮助学生掌握课文中的词汇、语法与功能表达。

第三，教材的编写体例已经充分考虑了教学设计，教师完全可以跟着教材的内容次序来开展教学。教师的主观能动性主要体现在主课文讲练中活动的安排上，对词汇或语法内容无需扩充，把握课文重点即可。当然，若学生学有余力，教师不妨围绕话题与功能，再增加其他形式的语言操练活动。

鹿钦佞
2019年3月

目 录 Contents

张山

白雪

安德烈

卡米拉

林达

李东

罗莎

① 中式问候

1.抱怨、鼓励
2.谈谈中国人的称呼
3.谈谈中国人寒暄的方式

热身准备

1. 试着在下面的关系树上填写合适的称呼。

Family tree

( )   ( )

( )   ( )   ( )   ( )

( )   我   ( )   ( )   ( )   ( )

( )   ( )   ( )   ( )   ( )   ( )

2. 你知道下面这些场合应该怎么称呼别人吗?

_____，请问2号楼在哪儿?   _____，我要那个菜。   _____，我来交请假表。

3. 在你们国家，一般怎么称呼家人和亲戚? 跟中国人的称呼有什么不同?

4. 你见到朋友一般怎么打招呼? 你知道中国人见到朋友怎么打招呼吗?

课文一　短文 🎧

　　中国人打招呼的称谓和方式都很特别。在较正式的场合，我们一般不直呼对方姓名，通常用"姓+职业或职务"的形式。例如李华，姓李，名华，职业是工程师，在公司里是经理，那么与他打招呼，我们可以称呼他为李工程师或者李经理。假如是非正式的场合，中国人常常用家庭中的称呼向别人打招呼，这样既可以表达尊敬，同时又能表现关系亲密，譬如张爷爷、李奶奶、王叔叔、赵阿姨等等。

　　在中国，初次见面或是不太熟的人之间打招呼，通常用"你好"。熟悉的朋友见面，则可以视对方的情况而定。早上出门的时候，可以问"出去呀""上班哪""上课吗"；在吃饭的时间，可以问"吃了吗"等等。表面上这像是在询问对方要去做什么，有时甚至是明知故问，而实际上这只是问候的一种方式而已。

1. 称谓	chēngwèi	名 (n.)	appellation, title	
2. 直	zhí	形/副 (adj./adv.)	straight; direct	～性子，心～口快，～说
3. 职业	zhíyè	名 (n.)	occupation	我的～，～运动员
4. 形式	xíngshì	名 (n.)	form	作文～，艺术～
5. 工程师	gōngchéngshī	名 (n.)	engineer	
6. 家庭	jiātíng	名 (n.)	family	～成员，幸福的～
7. 表达	biǎodá	动 (v.)	to express	～感谢，难以～
8. 尊敬	zūnjìng	动 (v.)	to respect	～老师，受人～
9. 表现	biǎoxiàn	动/名 (v./n.)	to behave; performance	～自己，～很好
10. 关系	guānxi	名 (n.)	relationship	～亲近
11. 亲密	qīnmì	形 (adj.)	close, intimate	非常～，～的朋友
12. 初次	chūcì	名 (n.)	the first time	～见面
13. 表面上	biǎomiànshang	副 (adv.)	seemingly, outwardly	
14. 询问	xúnwèn	动 (v.)	to enquire, to ask about	～情况，～意见
15. 问候	wènhòu	动/名 (v./n.)	to greet; greeting	～家人，朋友的～
16. 而已	éryǐ	助 (aux.)	just, only	说说～

课文二 对话 🎧

（卡米拉去罗莎的新家做客，遇到了邻居奶奶。卡米拉立即问好。）

卡米拉：王奶奶好，您吃了吗？

王奶奶：我早吃完啦，你还没吃？嗐！要我说呀，你们年轻人哪，就是不爱惜自己的身体，这样下去迟早会出问题的。

（王奶奶离开后，卡米拉一脸疑惑地问罗莎……）

卡米拉：欸，王奶奶刚刚是什么语气嘛！

罗　莎：你呀，不分时间、地点，见面就问"吃了吗"，这可不行。

卡米拉：在中国，"吃了吗"不是一种打招呼的方式吗？

林　达：中国人在吃饭时间对人说"吃了吗"才是一种问候，你居然不知道？

卡米拉：你说，光一个打招呼就有这么多讲究，哪学得过来呀？

罗　莎：别灰心，我有个主意，你先找个语伴互相辅导，通过他认识更多的中国朋友。在语伴的帮助下，你的中文肯定会进步神速，达到HSK 5级的程度，也是小菜一碟。

卡米拉：说得是！我现在的核心任务就是考HSK 5级，其他都是次要的。

17. 立即	lìjí	副（adv.）	immediately, at once	～出发，～回答
18. 嗐	hài	叹（int.）	to express sad or pity	
19. 爱惜	àixī	动（v.）	to cherish, to take great care of	～时间，～身体
20. 迟早	chízǎo	副（adv.）	sooner or later	
21. 欸	éi	叹（int.）	to express surprise	
22. 语气	yǔqì	名（n.）	tone, manner of speaking	～不好
23. 居然	jūrán	副（adv.）	unexpectedly	
24. 灰心	huīxīn	动（v.）	to be discouraged	～丧气；不怕失败，只怕～
25. 辅导	fǔdǎo	动（v.）	to tutor, to give guidance	～员，～学生
26. 神速	shénsù	形（adj.）	pretty quick, rapid	回答～
27. 达到	dádào	动（v.）	to reach	～目的
28. 程度	chéngdù	名（n.）	degree	文化～
29. 核心	héxīn	名（n.）	core	～作用，～地位
30. 次要	cìyào	形（adj.）	secondary, less important	～地位

注　释

xiǎo cài yìdié
小菜一碟：形容事情很容易办到。

语言点讲练

一、"譬如"

"譬如"是举例子、打比方时用的词语。

例：

1. 保护环境要从小事做起，**譬如**不乱扔垃圾。
2. 我们班有很多同学中文歌唱得特别好，**譬如**卡米拉和罗莎。
3. 看书姿势不对会损害视力，**譬如**躺着看、趴着看对眼睛都不好。
4. 健身的方法有很多，**譬如**散步、长跑、打太极拳等等。

用"譬如"完成句子。

1. 家务　　　　扫地、洗衣服、收拾书架　　＿＿＿＿＿＿＿＿＿＿＿＿
2. 打招呼　　　你好、吃了吗、出门哪　　　＿＿＿＿＿＿＿＿＿＿＿＿
3. 中文水平　　语伴、朋友　　　　　　　　＿＿＿＿＿＿＿＿＿＿＿＿
4. 辅导　　　　口语、语法、作文　　　　　＿＿＿＿＿＿＿＿＿＿＿＿

二、"视……而定"

"视……而定"指依照具体情况灵活办事。

例：

1.考试成绩，视你复习的情况而定。

2.明天开不开会，视情况而定。

3.旅游的计划，得视假期而定。

4.明天穿什么衣服，需视天气而定。

用"视……而定"完成句子。

1. 爱不爱交朋友，_____。（性格）

2. 学习方法要_____。（情况）

3. 暑假去不去国外，_____。（护照办理的进度）

4. 你什么时候给父母打电话？

_____。（剩下多少生活费）

三、"迟早"

"迟早"是副词，一般用在动词前面，表示某事在将来一定会发生。

例：

1. 你现在不努力学习，迟早会后悔的。

2. 他迟早会理解你的。

3. 人们不保护环境，迟早要受到惩罚。

4. 别伤心，他迟早会来找你的。

用"迟早"完成句子。

1. 张老师可严格了，你这种不认真的态度_____。（批评）

2. A: 什么？奖学金被拒的事你还没告诉她吗？

   B: _____。（知道）

3. A: 我女朋友不原谅我。

   B: 说点儿好话，_____。（原谅）

4. 努力学习中文，这些问题_____。（懂）

四、"v.+得/不过来"

"v.+得/不过来"带有反问语气，表示不能很好地完成某事。

例：

1. 这么多资料，我哪**看得过来**呀？
2. 只有一天的时间，她哪**忙得过来**呀？
3. 这棵树这么粗，两个人可**抱不过来**。
4. 我白天上班，晚上学中文，你的小狗我**照顾得过来**吗？

用"v.+得/不过来"完成句子。

1. A: 这个问题给你3秒时间回答，3……2……1。

   B: 时间这么短，我 _____？（反应）
2. A: 这三个项目都交给王经理吧。

   B: 王经理手上还有两个项目，_____？（管）
3. HSK考试还有一周，这么多练习题你 _____。（做）
4. 举办一个文化活动要准备很多东西，我一个人 _____。（准备）

五、"在+某人+的+v.+下"

"在+某人+的+v.+下"表示动作、行为发生的条件，一般用在句首。

例：

1. **在老师的鼓励下**，我报名参加了中文演讲比赛。
2. **在辅导老师的帮助下**，我以260分的成绩通过了HSK 5级。
3. **在班长的带领下**，我们顺利地完成了这次活动。
4. **在室友的照顾下**，我的感冒终于好了。

用"在+某人+的+v.+下"回答问题。

1. 期末考试准备得怎么样了？

   _____

2. 你适应上海的生活了吗？

   _____

3. 你知道中国人都是怎么打招呼的吗？

   _____

4. 卡米拉找到语伴了吗？

   _____

课文一 会话实践

一、根据短文内容回答问题。

1. 在学校、公司等正式场合与不同职业的人打招呼应如何称呼对方？（例如：老师、律师、医生）
2. 在自家小区里，与年长的老人打招呼应如何称呼对方？
3. 熟悉的朋友之间如何打招呼？
4. 当别人问你"吃了吗"的时候，你该如何回答？

二、根据提示复述。

Ⓐ 中国人打招呼的＿＿＿＿＿＿＿和方式都很特别。在较正式的场合，我们一般不＿＿＿＿＿＿＿呼对方姓名，通常用"姓+＿＿＿＿＿＿或＿＿＿＿＿＿"的＿＿＿＿＿。例如李华，姓李，名华，＿＿＿＿＿＿是工程师，在公司里是＿＿＿＿＿＿，那么与他打招呼，我们可以称呼他为李工程师或者李经理。假如是非正式的场合，中国人常常用＿＿＿＿＿＿中的称呼向别人打招呼，这样既可以＿＿＿＿＿＿，同时又能表现关系＿＿＿＿＿＿，譬如张爷爷、李奶奶、王大叔、赵阿姨等等。

在中国，＿＿＿＿＿＿见面或是不太熟的人之间打招呼，通常用"你好"。熟悉的朋友见面，则可以＿＿＿＿＿＿对方的＿＿＿＿＿＿。早上出门的时候，可以问"出去呀""上班哪""上课吗"；在吃饭的时间，可以问"吃了吗"等等。＿＿＿＿＿＿这像是在＿＿＿＿＿＿对方要去做什么，有时甚至是明知故问，而实际上这只是＿＿＿＿＿＿的一种方式而已。

Ⓑ

内容提示	重点词语	课文复述
在正式场合	称谓，方式，直呼，通常，职业，工程师	
非正式场合	家庭，称呼，既……又……，尊敬，亲密，譬如	
初次见面	不太熟，你好	
熟悉的朋友	视……情况而定，出门，表面上，询问，实际上，问候	

三、讨论。

想一想你们国家在不同的场合跟不同亲疏关系的人如何打招呼？与中国的情况相似吗？

四、活学活用。

场合/时间	职业/身份	如何称呼	如何打招呼
正式	医生		
正式	教师		
非正式（早上出门时）	女性邻居（35岁）		
非正式（问路时）	男性路人（22岁）		
非正式（早上上课前）	同学（罗莎）		
非正式（周末，商场）	朋友（罗莎）		

课文二　会话实践

一、根据对话的内容回答问题。

1. 卡米拉是如何同王奶奶打招呼的？
2. 任何场合都可以用"你吃了吗"打招呼，对不对？
3. 卡米拉为什么说："哪学得过来呀？"
4. 罗莎给了卡米拉什么建议？

二、情景再现。

分角色，有感情地朗读对话，注意语音、语调及不同人物的语气。

1. 嗐！要我说呀，你们年轻人哪，就是不爱惜自己的身体，这样下去迟早会出问题的。

2. 欸！王奶奶刚刚是什么语气嘛！

3. 你说，光一个打招呼就有这么多讲究，哪学得过来呀？

4. 说得是！

三、根据提示复述。

Ⓐ 三人一组，根据提示复述课文。

卡米拉

○ 王奶奶，_____？

○ 唉，王奶奶刚刚是什么_____嘛！

○ 在中国，"吃了吗"不是一种_____吗？

○ _____，光一个打招呼就有_____，哪_____呀？

○ 说得是！我现在的_____，其他_____。

王奶奶

○ 我_____，你还没吃？嗐！_____，你们年轻人哪，就是_____自己的身体，这样下去_____会出问题的。

罗莎

○ 你呀，不分_____、_____，见面就问"吃了吗"，这可不行。

○ 中国人在_____对人说"吃了吗"才是一种_____，你居然不知道？

○ _____，我有个主意，你先找个语伴_____，通过他_____更多的中国朋友。_____，你的中文_____进步_____，达到HSK 5级的_____，也是_____。

四、讨论。

你想不想找个语伴？你对语伴的要求是什么？（提示：性别、年龄、职业，互相辅导些什么？如何互相帮助？期待获得什么？）

五、活学活用。

（仿照对话二）三四个人一组，模拟在不同场景遇到不同人时该如何称呼别人或如何打招呼。

练　习

一、模仿例子，扩展下列词语。

职业	职业是教师 → 我最敬佩的职业是教师。→ 在许多职业中，我最敬佩的职业是教师。
询问	
爱惜	
灰心	
问候	

二、用下列生词和语言点，两三人一组，谈谈如何鼓励朋友学好中文。

生词　表达、居然、灰心、神速、达到

语言点　譬如、迟早、在＋某人＋的＋v.＋下

三、根据本课学习的内容，采访你的同学们并做好记录，找一找在中国还有哪些常用的称呼和打招呼的方式。

国籍	姓名	常用的称呼方式	打招呼的方式	与自己国家的不同点

文化拓展

一、朗读并背诵下列表达"鼓励"的名句。

阳光总在风雨后，请相信有彩虹。

世上无难事，只怕有心人。

即使跌倒一百次，也要一百零一次地站起来。

二、朗读下列古文句子，与老师、同学讨论一下句子的意义，并与你们国家的文化对比一下。

莺朋对燕友，早暮对寒暄。（《声律启蒙》）

曰仁义，礼智信。此五常，不容紊。（《三字经》）

为人子，方少时。亲师友，习礼仪。（《三字经》）

长者立，幼勿坐。长者坐，命乃坐。（《弟子规》）

称尊长，勿呼名。对尊长，勿见能。（《弟子规》）

将入门，问孰存。将上堂，声必扬。（《弟子规》）

② 牛郎织女

1. 赞扬、出乎意料
2. 牛郎织女的故事
3. 谈谈中国人的爱情观

1. 下列图片中是些什么故事？请分别说一说。

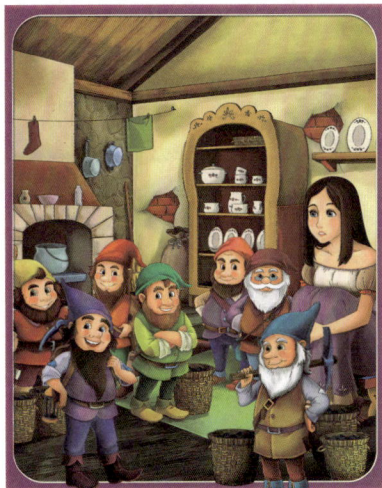

2. 在这个节日时，你会做什么？送什么礼物？或者想收到什么礼物？

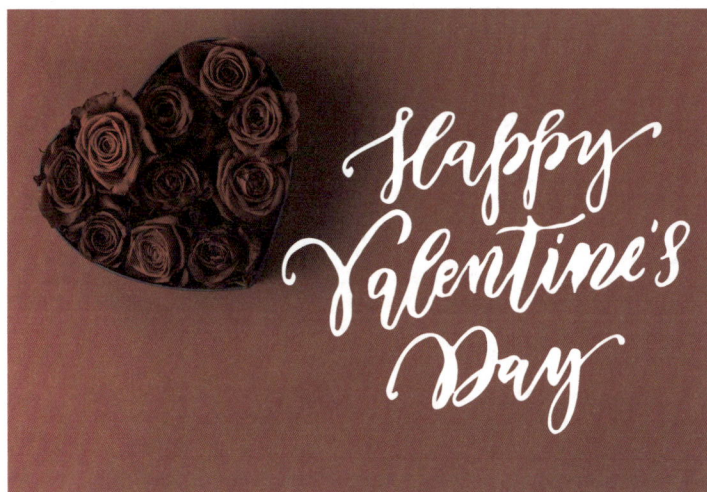

3. 请讲一讲让你印象深刻的爱情故事。

课文一 短文

　　每年农历七月初七，俗称"七夕"，这一天被现代人叫作中国的"情人节"。

　　很久以前，有一个善良的小伙子叫牛郎，他和一头老牛相依为命，他对老牛很好，老牛一直都想报恩。有一天，天上的织女来到人间游玩。老牛突然开口说话了，它告诉牛郎去河岸边就可以遇到美丽的织女，还说如果天亮之前织女回不去就得留在人间。于是，牛郎听了老牛的建议，傍晚时悄悄去河边找织女。他们俩一见钟情，织女便留在人间，和牛郎结为了夫妻。不料，这件事被王母发现了，她火冒三丈，命令天兵天将把织女带回天庭。老牛不忍他们分离，撞断头上的角，牛角变成一只小船，牛郎乘船追赶。突然，王母在天空划出了一条银河，河水很大，一望无际，小船无法渡河，夫妻二人从此只能隔河相望。好在他们坚贞的爱情感动了喜鹊，每年在七夕那天都会有无数喜鹊飞来，用身体搭成一座桥，让牛郎织女可以在鹊桥上相会。

1.	农历	nónglì	名（n.）	lunar calendar	
2.	相依为命	xiāngyī-wéimìng		depended on each other	
3.	报恩	bào'ēn	动（v.）	to requite	
4.	人间	rénjiān	名（n.）	mortal world	
5.	岸	àn	名（n.）	bank	河～，～边
6.	傍晚	bàngwǎn	名（n.）	dusk	～时分
7.	悄悄	qiāoqiāo	副（adv.）	quietly	～地
8.	不料	búliào	连（conj.）	unexpectedly	
9.	火冒三丈	huǒmàosānzhàng		burst into a fury, fly into a rage	
10.	命令	mìnglìng	动/名（v./n.）	to command; command	～他；一道～
11.	分离	fēnlí	动（v.）	to separate	不可～，～多年
12.	天空	tiānkōng	名（n.）	sky	蓝蓝的～
13.	划	huà	动（v.）	to draw	～界限，～定
14.	一望无际	yíwàng-wújì		a boundless stretch of, as far as the eyes can reach	
15.	从此	cóngcǐ	连（conj.）	since then	
16.	无数	wúshù	形（adj.）	countless	～星星
17.	搭	dā	动（v.）	to build	～桥

注　释

Zhīnǚ
织女：传说中天上的一位仙女，善长织布。

Wángmǔ
王　母：中国传说中地位崇高的女神。

tiānbīng-tiānjiàng
天兵 天将：传说中天上的军队和将领。

tiāntíng
天庭：传说中天神居住的地方。

yínhé
银河：晴天夜晚，天空呈现的银白色的光带。

xǐquè
喜鹊：一种鸟，身体大部分是黑色，肩和腹部呈白色，在中国文化中有吉祥的意思。

课文二　对话 🎧

（孙伟因为创业已出差一个月，今天下课时，卡米拉问罗莎……）

卡米拉：罗莎，最近你跟孙伟"鹊桥相会"过吗？

罗　莎："鹊桥相会"？在鹊桥上开会吗？

卡米拉：你可别在这儿瞎解释了。

李　东：罗莎，"鹊桥相会"原来是指牛郎和织女在鹊桥上见面，现在比喻情人或夫妻久别之后的团聚，象征坚贞的爱情。卡米拉，你怎么知道这个故事的？

卡米拉：我在读中国的爱情故事，我发现中国有很多伟大的爱情故事。

李　东：因为在中国的传统文化中，人们认为真爱比金钱、地位重要得多，所以创造了这些动人的故事。

卡米拉：我知道，比如牛郎织女的故事。

李　东：哇！不得了！真不愧是我们班的学霸。

卡米拉：我听说过两个经典的句子，"两情若是久长时，又岂在朝朝暮暮"和"愿天下有情人终成眷属"。

李　东：我们希望相爱的人最终都能在一起。

卡米拉：唉！我和我男朋友现在就如牛郎织女般，一年才见一次。

| 18. | 比喻 | bǐyù | 动（v.） | to make a metaphor | 用园丁～教师 |
| 19. | 夫妻 | fūqī | 名（n.） | couples, husband and wife | ～恩爱 |

20.	团聚	tuánjù	动（v.）	to reunite	全家～
21.	象征	xiàngzhēng	动（v.）	to symbolize	～光明
22.	坚贞	jiānzhēn	形（adj.）	faithful	
23.	发现	fāxiàn	动（v.）	to discover	～新大陆，～宝藏
24.	创造	chuàngzào	动（v.）	to create	～故事，～童话
25.	哇	wā	叹（int.）	wow	
26.	不得了	bùdéliǎo		amazing	
27.	不愧	búkuì	副（adv.）	be worthy of	～是专家
28.	经典	jīngdiǎn	形（adj.）	classic	～影片，～著作
29.	唉	ài	叹（int.）	alas	

注　释

liǎng qíng ruòshì jiǔ chángshí　yòu qǐ zài zhāozhāo-mùmù
1. 两 情若是久长时，又岂在朝 朝 暮暮：只要两个人的感情是真挚的、长久的，又何必追求整

天待在一起呢。
yuàn tiānxià yǒuqíngrén zhōng chéng juànshǔ
2. 愿 天下有情人 终 成 眷属：希望世界上两情相悦的情侣都能够结为夫妻。

语言点讲练

一、"不料"

"不料"表示没想到，没有预先料到。用在后半句的开头，表示转折，常与"却""竟""还""倒"等连用。

例：

1. 本来计划今天开运动会，**不料**一早**竟**下起雨来。

2. 我以为教学楼7:00就开门了，**不料**7:30了门**还**没开。

3. 我好心去安慰她，**不料却**被骂了一顿。

4. 我以为半个小时就能做好，**不料竟**用了两个小时。

用"不料"完成句子。

1. A: 最近房价越来越高了。

   B: 是啊，去年学校附近四万一平方，＿＿＿＿＿＿＿＿＿＿＿＿＿＿＿＿。（涨到六万）

2. 上学时太阳很大，＿＿＿＿＿＿＿＿＿＿＿＿＿＿＿＿。（下大雨）

3. 他们打算结婚后不要小孩，＿＿＿＿＿＿＿＿＿＿＿＿＿＿。（怀孕）

4. 我昨晚很早就睡了，＿＿＿＿＿＿＿＿＿＿＿＿＿＿。（迟到）

二、"在这儿瞎+v."

"在这儿瞎+v."表示没有根据地乱做。

例：

1. 你快回家，别**在这儿瞎**闹了。

2. 又**在这儿瞎**说了，回去好好查查资料吧。

3. 你看看你的黑眼圈，还**在这儿瞎**忙呢，快回家休息吧。

用"在这儿瞎+v."完成句子。

1. 你也不知道情况，＿＿＿＿＿＿＿＿＿＿＿＿＿＿。（猜）

2. 他又不是医生，＿＿＿＿＿＿＿＿＿＿＿＿＿＿。（指挥）

3. 她是数学老师，＿＿＿＿＿＿＿＿＿＿＿＿＿＿。（教英语）

三、"不愧是……"

"不愧是……"表示当之无愧，当得起；常用来夸奖某人当得起某种称号。

例：

1. 小王在射击比赛中百发百中，**不愧**是"神枪手"。

2. **不愧**是名家，画的花鸟特别逼真。

3. **不愧**是电影节的最佳男主角，演得真好。

根据情景补充句子。

1. ＿＿＿＿＿＿＿＿＿＿＿＿＿＿＿＿，不愧是今年的优秀教师。（教）

2. 不愧是"中国通"，＿＿＿＿＿＿＿＿＿＿＿＿＿＿＿＿。（知道）

3. ＿＿＿＿＿＿＿＿＿＿＿＿＿＿＿＿，不愧是艺术家。（书法）

4. 他的学问非常渊博，＿＿＿＿＿＿＿＿＿＿＿＿＿＿＿＿。（著名教授）

四、"……般"

"般"用在名词性词语的后面表示"像……一样"，常用格式为"如/像……般"。

例：

1. 她的笑容如阳光**般**温暖。

2. 他们的恋爱像电视剧**般**幸福。

3. 两个人在一起，应该像磁铁（cítiě）（magnet）**般**相互吸引。

4. 音乐会结束之后，现场响起了雷鸣（léimíng）（thunderous）**般**的掌声。

用所给的生词造句。

例：眼睛　秋水　干净　　　　她的大眼睛像秋水般干净。

1. 脸　苹果　红　　　　　＿＿＿＿＿＿＿＿＿＿＿＿＿＿＿＿＿＿＿＿

2. 眉毛　月亮　弯　　　　＿＿＿＿＿＿＿＿＿＿＿＿＿＿＿＿＿＿＿＿

3. 嘴　樱桃（yīngtáo）（cherry）　小　＿＿＿＿＿＿＿＿＿＿＿＿＿＿＿＿＿＿＿＿

4. 皮肤　雪花　洁白　　　＿＿＿＿＿＿＿＿＿＿＿＿＿＿＿＿＿＿＿＿

课文一 会话实践

一、根据短文内容回答问题。

1. "七夕"是什么节日？
2. 牛郎和织女是如何相遇的？
3. "一见钟情"是什么意思？
4. 这篇文章说的是什么故事？你喜欢这个故事吗？

二、根据提示复述。

Ⓐ 每年农历七月初七，俗称"七夕"，这一天被现代人……

很久以前，……，他和一头老牛相依为命，他对老牛很好，……。有一天，……。老牛突然开口说话了，它告诉牛郎去河岸边就可以……，还说如果天亮之前……就得留在人间。于是，……，傍晚时悄悄去河边找织女。……，织女便留在人间，……。不料，这件事被王母发现了，她火冒三丈，……。老牛不忍他们分离，撞断头上的角，……，牛郎乘船追赶。突然，王母在天空划出了……，河水很大，……，小船无法渡河，夫妻二人从此……。好在他们坚贞的爱情感动了喜鹊，每年在七夕那天……，……，让牛郎织女……。

Ⓑ 请用自己的话，复述神话故事——牛郎和织女。

三、讨论。

王母为什么要拆散牛郎和织女？

四、活学活用。

模仿短文给班级的同学说一个你们国家的神话故事。

讲故事的时候需要说清楚六点：时间、地点、人物，事情的开始、经过、结果

（可能用到的词：很久很久以前……，有一天……，有个人……，在……，于是……，不料……，最终……）

课文二　会话实践

一、根据对话内容回答问题。

1. 罗莎知道"鹊桥相会"的意思吗?
2. 卡米拉怎么知道牛郎和织女的故事?
3. 卡米拉为什么说她和男朋友就如牛郎织女般?
4. "愿天下有情人终成眷属"体现出怎样的美好愿望?

二、情景再现。

分角色,有感情地朗读对话,注意语音、语调及不同人物的语气。

1. 最近你跟孙伟"鹊桥相会"过吗?
2. 你可别在这儿瞎解释了。
3. 哇!不得了!真不愧是我们班的学霸。
4. 唉!我和我男朋友现在就如牛郎织女般,一年才见一次。

三、根据提示复述。

Ⓐ　两人一组,根据提示复述课文。

 李东

○ "鹊桥相会"原来是指牛郎和织女在＿＿＿＿＿＿,现在比喻情人或夫妻＿＿＿＿＿＿,象征＿＿＿＿＿＿爱情。卡米拉,你怎么知道这个故事的?

○ 因为在中国的＿＿＿＿＿＿中,人们认为＿＿＿＿＿＿比金钱、地位重要得多,所以创造了这些＿＿＿＿＿＿。

○ 哇!不得了!＿＿＿＿＿＿我们班的学霸。

○ 我们＿＿＿＿＿＿相爱的人最终都能在一起。

 卡米拉

○ 我在读中国的爱情故事,我发现中国有很多＿＿＿＿＿＿。

○ 我知道,比如牛郎织女的故事。

○ 我听说过两个＿＿＿＿＿＿句子,"两情若是久长时,又岂在朝朝暮暮"和"愿天下有情人终成眷属"。

○ 唉!我和我男朋友现在就＿＿＿＿＿＿＿＿＿＿＿＿,一年才见一次。

21

Ⓑ
（孙伟因为创业已出差一个月，今天上课时，卡米拉问罗莎……）

卡米拉问罗莎，最近有没有……，罗莎不明白什么意思。李老师说，"鹊桥相会"原来是指牛郎和织女……，现在比喻……，象征……。李老师问卡米拉怎么知道这个故事，卡米拉说她在读中国的爱情故事，……。李老师说因为在中国的传统文化中，……，从而创造了这些动人的故事。卡米拉知道……。她还听说过两个经典的句子，"……"和"……"。她现在和男朋友如同……，……。

四、讨论。

关于爱情，人们都有哪些美好的愿望？

五、活学活用。

用"鹊桥相会"这个词，模仿课文二的内容，说一个关于爱情的对话。

练 习

一、模仿例子，扩展下列词语。

悄悄	悄悄地走 → 同学们悄悄地走进病房。→ 同学们悄悄地走进病房，看望生病的老师。
分离	
断	
不愧	

不得了

二、用下列生词和语言点，说一说自己的爱情故事。

生词 分离、从此、团聚、发现

语言点 不料、……般

三、查一查下列故事，完成表格里的内容。

故事名	男女主角如何相识？	在什么地方相识？	为什么相爱？	结局如何？
梁山伯与祝英台				
美女与野兽				
罗密欧与朱丽叶				
白素贞与许仙				

四、辩论。

相爱的人，是否需要父母的祝福？如果父母不同意，你还会和爱人结婚吗？谈谈你的观点并至少说出五个理由。全班可分两队，进行辩论。

我的观点

我的理由	1.
	2.
	3.
	4.
	5.

文化拓展

一、朗读下列诗句，选择一首背诵，并用自己的话说一说诗的意思。

鹊桥仙·纤云弄巧

（宋）秦观

纤云弄巧，飞星传恨，银汉迢迢暗度。

金风玉露一相逢，便胜却人间无数。

柔情似水，佳期如梦，忍顾鹊桥归路。

两情若是久长时，又岂在朝朝暮暮。

长命女·春日宴

（五代）冯延巳

春日宴，绿酒一杯歌一遍。再拜陈三愿：

一愿郎君千岁，二愿妾身常健，三愿如同梁上燕，岁岁长相见。

③ 异地恋

1. 无奈、肯定
2. 说说异地恋
3. 谈谈自己怎么谈异地恋

热身准备

1. 如果你有男/女朋友，你认为一周见几次面比较合适？
2. 你和男/女朋友哪一次分开时间最长？有多久没见面？
3. 如果男/女朋友有一个出国学习或工作两年的机会，你同意他/她去吗？为什么？

课文一 短文 🎧

　　七夕节是中国传统节日中最具有浪漫色彩的一个。传说，农历七月初七的晚上，天上的织女与牛郎都会在鹊桥上相会。而在现实世界中，现代版的牛郎织女现象近年来越来越常见了。

　　如今，很多人的恋人在其他城市或国家学习、工作，甚至有些人的恋人、家人需要在外地生活或定居，因此，异地恋的现象越来越普遍。随着现代通讯技术与交通方式的飞速发展，恋人间联系的方式比以前更便利、更多样了，所以有人认为凡是真心相爱的两个人，都能想办法克服地域限制造成的困难。当然，并非所有人都能接受远距离或长时间的分离，有人就认为分居两地太痛苦，不接受异地恋。那种"日日思君不见君"的滋味，恐怕只有经历过的人才深有体会。

　　同城异地恋的现象也很普遍，生活在北上广深这样的大城市，恋爱中的人也并不能天天见面。比如有一对恋人，他们同在上海，可因为工作原因，一个住市区，一个住郊区，有可能也过着一个月见一次面的异地恋生活。

1. 具有	jùyǒu	动（v.）	to have, to possess	～能力，～意义
2. 传说	chuánshuō	动/名（v./n.）	it is said that…; legend	
3. 现象	xiànxiàng	名（n.）	phenomenon	社会～，正常～
4. 常见	chángjiàn	形（adj.）	common	十分～
5. 如今	rújīn	名（n.）	nowadays	
6. 外地	wàidì	名（n.）	other places	在～
7. 定居	dìngjū	动（v.）	to settle down	回国～，～上海
8. 通讯	tōngxùn	动（v.）	to communicate	～技术
9. 飞速	fēisù	副（adv.）	rapidly	～发展，～前进

10. 便利	biànlì	形（adj.）	convenient, easy	交通～，生活～
11. 地域	dìyù	名（n.）	region, territory	～辽阔；～观念
12. 痛苦	tòngkǔ	形（adj.）	painful, miserable	非常～，～的体会
13. 体会	tǐhuì	名（n.）	understanding, experience	深有～，个人的～
14. 普遍	pǔbiàn	形（adj.）	common, general, universal	～性，～现象，十分～
15. 恋爱	liàn'ài	名（n.）	love	～自由，谈～
16. 市区	shìqū	名（n.）	urban area, downtown area	
17. 郊区	jiāoqū	名（n.）	suburb, outskirt	

注 释

yìdì liàn
异地恋：远距离或长时间分离的恋爱方式。
rìrì sī jūn bú jiàn jūn
日日思君不见君：日日夜夜想你，却不能见你，用来表达主人公对恋人的思念之情。出自李之仪的《卜算子·我住长江头》。

课文二 对话

（罗莎和卡米拉走在去教室的走廊里，谈论着下课后的安排……）

罗　莎：卡米拉，下课后我们去商场逛逛吧，听说最近有大促销，我想买一条金项链送给孙伟的妈妈。

卡米拉：我去不了，下课后我要回宿舍和我的男朋友视频聊天。

罗　莎：还真没看出来，你这么重色轻友。

卡米拉：什么呀，我也是不得已呀。我在中国，而他在德国，时差是我们之间最大的阻碍。我们每天只能匆匆忙忙聊一会儿。

罗　莎：我不管，今天你去也得去，不去也得去！

卡米拉：真拿你没办法！好吧，但是不能逛太晚。我还得抄生词，写作文和编辑夏令营的报道呢。

罗　莎：你真热爱学习！

18.	商场	shāngchǎng	名 (n.)	shopping mall	购物～，大型～
19.	促销	cùxiāo	动 (v.)	to promote the sale of goods	广告～，～手段
20.	金	jīn	名 (n.)	gold	～项链，～耳环
21.	项链	xiàngliàn	名 (n.)	necklace	珍珠～，一条～
22.	重色轻友	zhòngsè-qīngyǒu		dates before mates	
23.	时差	shíchā	名 (n.)	time difference, jet lag	习惯～
24.	阻碍	zǔ'ài	名 (n.)	obstacles	毫无～
25.	匆匆忙忙	cōngcōng-mángmáng	副 (adv.)	hastily	～聊天
26.	抄	chāo	动 (v.)	to copy	～课文，～作业，～袭
27.	作文	zuòwén	名 (n.)	composition	写～，～比赛
28.	编辑	biānjí	动 (v.)	to edit	～文章，～新闻
29.	夏令营	xiàlìngyíng	名 (n.)	summer camp	参加～
30.	报道	bàodào	名 (n.)	(news) report	新闻～，体育～
31.	热爱	rè'ài	动 (v.)	to love	～生活，～祖国

语言点讲练

一、"凡是……都……"

"凡是……都……"表示只要是在某个范围里的都一样，没有例外。

例：

1. **凡是**存在的**都**是合理的。
2. **凡是**甜的东西，我**都**喜欢吃。
3. 我是他的"粉丝"（fans），**凡是**他的演唱会，我**都**要去。
4. **凡是**去上海旅游的人，**都**会去南京路、外滩和东方明珠。

（完成句子。）

1. 凡是需要体力的活动，＿＿＿＿＿＿＿＿＿＿＿＿＿＿＿＿＿＿。（不参加）
2. 凡是认真准备的，＿＿＿＿＿＿＿＿＿＿＿＿＿＿＿＿＿。（成功）
3. A: 我没有票，可是我有学生证，能让我进去吗？

   B: ＿＿＿＿＿＿＿＿＿＿＿＿＿＿＿＿＿＿＿。（学校的师生）

二、"并非"

"并非"的意思等同于"并不是"，用于否定别人的观点。

例：

1. 事实**并非**你想象的那样。
2. 你对我的好，我**并非**不知道。
3. 出名**并非**一个人努力奋斗的全部。
4. 妈妈这么做**并非**是为了她自己，而是为了我们这个家。

（用"并非"仿写句子。）

1. 并非一成不变

   事物并非一成不变

   世界上的事物并非是一成不变的。
2. 并非不满意

   ＿＿＿＿＿＿＿＿＿＿＿＿＿＿＿＿＿＿＿＿

   ＿＿＿＿＿＿＿＿＿＿＿＿＿＿＿＿＿＿＿＿
3. 并非关心

   ＿＿＿＿＿＿＿＿＿＿＿＿＿＿＿＿＿＿＿＿

   ＿＿＿＿＿＿＿＿＿＿＿＿＿＿＿＿＿＿＿＿
4. 并非最好

   ＿＿＿＿＿＿＿＿＿＿＿＿＿＿＿＿＿＿＿＿

   ＿＿＿＿＿＿＿＿＿＿＿＿＿＿＿＿＿＿＿＿

三、"恐怕"

"恐怕"表示估计和担心。

例：

1. 我和别人有约在先，**恐怕**不能与你共进晚餐了。

2. 他昨天发烧了，今天**恐怕**不能来上课了。

3. 李明为班级做的好事，**恐怕**不止这几件吧。

4. 今天一别，**恐怕**我们很难再见面了。

用"恐怕"完成句子。

1. 从这儿到地铁站，＿＿＿＿＿＿＿＿＿＿＿＿＿＿＿＿＿＿。（走）

2. 迪士尼买票的人太多了，＿＿＿＿＿＿＿＿＿＿＿＿＿＿＿。（排队）

3. 很多年没有联系，＿＿＿＿＿＿＿＿＿＿＿＿＿＿＿。（忘记）

4. 堵车堵了快一个小时了，＿＿＿＿＿＿＿＿＿＿＿＿＿＿。（迟到）

四、"v.+也得+v.，不+v.+也得+v."

"v.+也得+v.，不+v.+也得+v."表示这件事必须做。

例：

1. 今天的活动很重要，你**去也得去**，**不去也得去**。

2. 这件事，你**做也得做**，**不做也得做**。

3. 这个作业，你**写也得写**，**不写也得写**，还是抓紧时间吧。

4. 中药很苦，但是为了你的身体，你**吃也得吃**，**不吃也得吃**，没商量。

用"v.+也得+v.，不+v.+也得+v."完成句子。

1. 生日　唱　扫兴（to feel disappointed）
sǎoxing

＿＿＿＿＿＿＿＿＿＿＿＿＿＿＿＿＿＿＿＿＿＿＿＿＿＿＿

2. 课文　背　检查

＿＿＿＿＿＿＿＿＿＿＿＿＿＿＿＿＿＿＿＿＿＿＿＿＿＿＿

3. 聚会　来　考虑

＿＿＿＿＿＿＿＿＿＿＿＿＿＿＿＿＿＿＿＿＿＿＿＿＿＿＿

4. 商场　逛　礼物

＿＿＿＿＿＿＿＿＿＿＿＿＿＿＿＿＿＿＿＿＿＿＿＿＿＿＿

课文一 会话实践

一、根据短文内容回答问题。

1. 什么是现代版的牛郎织女现象？

2. 造成异地恋的原因有哪些？

3. 人们是否都能接受远距离的恋爱？

4. 什么是同城异地恋？

二、根据提示复述。

Ⓐ 七夕节是中国传统节日中最＿＿＿＿＿＿＿的一个。＿＿＿＿＿＿＿，农历七月初七的晚上，天上的织女与牛郎都会在鹊桥上相会。而在现实世界中，现代版的"牛郎织女"＿＿＿＿＿＿近年来越来越常见了。

　　＿＿＿＿＿＿，很多人的恋人在＿＿＿＿＿＿学习、工作，甚至有些人的恋人、家人需要在＿＿＿＿＿＿生活或＿＿＿＿＿＿，因此，异地恋的现象越来越普遍。随着现代＿＿＿＿＿＿与交通方式的＿＿＿＿＿＿，恋人间联系的方式比以前更＿＿＿＿＿＿、更＿＿＿＿＿＿，所以有人认为凡是真心相爱的两个人，都能想办法＿＿＿＿＿＿造成的困难。当然，并非所有人都能接受＿＿＿＿＿＿的分离，有人就认为分居两地太痛苦，不接受异地恋。那种"日日思君不见君"的滋味，＿＿＿＿＿＿只有经历过的人才深有＿＿＿＿＿＿。

　　同城异地恋的现象也很＿＿＿＿＿＿，＿＿＿＿＿＿在北上广深这样的大城市，＿＿＿＿＿＿中的人也并不能天天见面。比如有一对恋人，他们同在上海，可因为工作原因，一个住＿＿＿＿＿＿，一个住＿＿＿＿＿＿，有可能也过着一个月见一次面的异地恋生活。

Ⓑ

内容提示	重点词语	课文复述
七夕节	传统节日、浪漫、鹊桥相会	
现实世界	现代版、越来越……、常见	
异地恋原因	在其他城市、学习、工作、定居、通讯技术、交通方式、便利、多样	
能否接受异地恋	凡是、地域限制、接受、不接受、恐怕、体会	
同城异地恋	普遍、北上广深、市区、郊区、过着	

三、讨论。

你有没有过异地恋的经历？如果有，感受如何？如果没有，是否能够接受异地恋？

四、活学活用。

如果不得不选择异地恋，你会以什么方式与恋人见面、交流、相处？（例：每天打电话一小时，视频聊天一小时，不能吵架，相信对方，每周必须见一面等）

异地恋	相处的时间安排	如何交流和沟通	见面的频率
男生			
女生			

课文二 会话实践

一、根据对话内容回答问题。

1. 罗莎为什么下课后要去商场？
2. 罗莎为什么说卡米拉"重色轻友"？
3. 卡米拉怎么和男朋友联系？
4. 卡米拉晚上的安排是什么？

二、情景再现。

分角色，有感情地朗读对话，注意语音、语调及不同人物的语气。
1. 那种"日日思君不见君"的滋味，恐怕只有经历过的人才深有体会。
2. 还真没看出来，你这么重色轻友。
3. 什么呀，我也是不得已呀。
4. 我不管，今天你去也得去，不去也得去！
5. 真拿你没办法！

三、根据提示复述。

Ⓐ 两人一组，根据提示复述课文。

罗莎

○ 卡米拉，下课后我们去_____逛逛吧，听说最近有_____，我想买一条_____送给孙伟的妈妈。

○ 还真没看出来，你这么_____。

○ 我不管，今天你_____，不去也得去！

○ 你真_____学习！

卡米拉

○ 我去不了，下课后我要回_____和我的男朋友视频聊天。

○ 什么呀，我也是不得已呀。我在中国，而他在德国，_____是我们之间最大的阻碍。我们每天只能_____聊一会儿。

○ 真拿你没办法！好吧，但是不能逛太晚，我还得_____生词，写_____和编辑_____呢。

Ⓑ

　　罗莎下课后……，听说……，她想……。卡米拉下课后……。

　　罗莎说卡米拉……。卡米拉解释说她是不得已，因为……，……，时差……。他们每天……。

　　罗莎一定要卡米拉陪她去商场，还说……。卡米拉没办法，只好陪罗莎去，但是她得早点儿回去，她还要……，……和……。

四、讨论。

你觉得卡米拉的异地恋谈得累不累？

五、活学活用。

两人一组，模仿课文二写一段对话。内容为：A要请B一起去看电影。B不想去，因为电影不好看，而且第二天要考试。

练习

一、模仿例子，扩展下列词语。

现象	不文明的现象。→ 不文明的现象越来越少了。→ 近几年社会风气好转，不文明的现象越来越少了。
传说	
痛苦	

体会	
编辑	

二、用下列生词和语言点，谈谈现在异地恋越来越普遍的原因。

生词　现象、常见、如今、飞速、时差

语言点　凡是……都……、并非、恐怕

三、调查同学们是否谈过异地恋，并完成下列表格。

姓名	性别	是否谈过异地恋？	坚持了多久？	结果如何？

拓　展

辩论：讨论异地恋的利弊。谈谈你的观点，并至少说出五个理由。全班可分两队，进行辩论。

我的观点	
我的理由	1.
	2.
	3.
	4.
	5.

文化拓展

红豆生南国，春来发几枝，愿君多采撷，此物最相思。（王维《相思》）

海内存知己，天涯若比邻。（王勃《送杜少府之任蜀州》）

海上生明月，天涯共此时。（张九龄《望月怀古》）

我住长江头，君住长江尾。日日思君不见君，共饮长江水。（李之仪《卜算子·我住长江头》）

执手相看泪眼，竟无语凝噎。（柳永《雨霖铃·寒蝉凄切》）

人有悲欢离合，月有阴晴圆缺，此事古难全。但愿人长久，千里共婵娟。（苏轼《水调歌头·明月几时有》）

1. 朗读以上诗句，并背诵自己最喜欢的一句。
2. 猜一猜，上面的诗句描述了怎样的故事？
3. 根据选中的诗句编一段对话，并进行表演。

4 同住地球村

热身准备

听一听，学一学，唱一唱：

> 我和你，心连心，同住地球村。
>
> 为梦想，千里行，相会在北京。
>
> 来吧，朋友，伸出你的手。
>
> 我和你，心连心，永远一家人。

——《我和你》2008年北京奥运会开幕式主题曲

课文一 短文 🎧

就像北京奥运会开幕式主题曲《我和你》中唱的那样："我和你，心连心，同住地球村。"现代科技的迅速发展，缩短了地球上人与人之间的时空距离。国际交往日益频繁，整个地球如同茫茫宇宙中的一个小小村落。之前想都不敢想的距离，现在很容易就能跨越。比如，早上在中国广州吃个早茶，中午飞到日本看富士山，晚上就能飞回中国上海，过丰富的夜生活。这个世界上人与人之间的空间距离在大大缩短。

与此同时，地球村的概念也体现了人们对全球化、一体化发展的期待，以及对世界和平的期待。无论肤色，不管种族，人人平等，文化交融。国与国之间，你中有我，我中有你，相互融合。大家都是这个"村子"中的一分子，谁也离不开谁，这样就形成了人类命运共同体。

1. 主题	zhǔtí	名 (n.)	theme, subject, topic	～词，讨论的～
2. 迅速	xùnsù	形 (adj.)	rapid	发展～，反应～
3. 缩短	suōduǎn	动 (v.)	to shorten	～时间，～距离
4. 时空	shíkōng	名 (n.)	space-time, time and space	～观念
5. 国际	guójì	形 (adj.)	international	～学校，～关系
6. 日益	rìyì	副 (adv.)	increasingly, day by day	～改善
7. 频繁	pínfán	形 (adj.)	frequent	活动～，见面～
8. 整个	zhěnggè	名 (n.)	whole, entire	～上午，～社会
9. 茫茫	mángmáng	形 (adj.)	vast	～大海

10.	宇宙	yǔzhòu	名（n.）	universe	整个～
11.	村落	cūnluò	名（n.）	village	小～
12.	夜	yè	名（n.）	night, nighttime	～生活
13.	概念	gàiniàn	名（n.）	concept	
14.	体现	tǐxiàn	动（v.）	to embody, to reflect	
15.	和平	hépíng	名（n.）	peace	～环境，世界～
16.	肤色	fūsè	名（n.）	skin colour	不同～
17.	种族	zhǒngzú	名（n.）	race	不同～
18.	平等	píngděng	形（adj.）	equal	男女～，～互利
19.	交融	jiāoróng	动（v.）	mingle	水乳～，相互～
20.	融合	rónghé	动（v.）	blend	文化～

注 释

rénlèi mìngyùngòngtóng tǐ
人类 命 运 共 同体："人类命运共同体"是由中国国家主席习近平提出的、关于人类社会的新理念，旨在追求本国利益时兼顾他国合理关切，在谋求本国发展中促进各国共同发展，从而共同建设一个更加美好的地球家园。

课文二 对话 🎧

（卡米拉找到一位中国语伴张山。今天，张山帮卡米拉改作业。）

卡米拉：谢谢你，耽误你这么长时间。对了，今天我请客，咱们去新天地喝杯咖啡怎么样？

张　山：说什么也不能让女生请客。再说了，这都是不值一提的小事。

卡米拉：不是说不论性别，人人平等嘛。为了表示感谢，请你喝个咖啡怎么啦？

张　山：不行，让女生买单，我没面子不说，别人还会觉得我缺少绅士风度，缺乏教养。

卡米拉：尊重女生的提议也是教养和绅士风度的一种体现。谁规定必须由男生买单？你说服不
　　　了我。

（咖啡店里，卡米拉和张山在收银台，张山拿着手机扫二维码付钱。服务员对张山说："先生，一共68块钱。"张山用手机支付成功。）

卡米拉：为什么中国人总是抢着买单？

张　山：这是我们对待朋友的一种礼节，更何况是女性朋友。你没发现服务员也默认男生买单嘛。

（两人各自坐地铁回家，在地铁上，张山收到了来自卡米拉的34块钱转账。）

张　山：说好我请嘛！

卡米拉：之前考虑到你的面子，才没有付钱。既然不让我请客，咱们就各付各的钱吧。借用你们中国的一句话，如果你不收这个钱，就是看不起我！

张　山：不至于吧。好吧，那恭敬不如从命了。

21.	性别	xìngbié	名 (n.)	gender	
22.	绅士	shēnshì	名 (n.)	gentleman, gentry	～风度
23.	风度	fēngdù	名 (n.)	demeanour, kindly bearing	有～，～翩翩
24.	教养	jiàoyǎng	名 (n.)	breeding, upbringing, education	有～
25.	提议	tíyì	名 (n.)	proposal, motion	通过～，好～
26.	规定	guīdìng	动 (v.)	to set, to stipulate	～价格，～标准
27.	说服	shuōfú	动 (v.)	to persuade, to convince	～别人；耐心～
28.	对待	duìdài	动 (v.)	to treat, to approach	～工作，～朋友
29.	何况	hékuàng	连 (conj.)	besides, let alone	
30.	默认	mòrèn	动 (v.)	to tacitly approve, to give tacit consent to	～错误，～现状
31.	各自	gèzì	代 (pron.)	each, individual	～努力，～的计划
32.	看不起	kànbuqǐ		to look down upon, to despise	～别人
33.	恭敬	gōngjìng	形 (adj.)	respectful	很～

注　释

gōngjìng bùrú cóngmíng
恭敬不如从命：与其对人尊敬地讲礼貌，不如顺从他的意愿，这是在接受别人的邀请或礼物时说的客气话。

语言点讲练

一、"日益"

"日益"表示程度一天比一天深。

例:

1. 这几年,上海的生活水平日益提高。

2. 奶奶病情日益好转,过几天就可以出院了。

3. 我们的食品种类日益增多,营养越来越好。

4. 现在竞争日益激烈,很多年轻人很难找到合适的工作。

用"日益"写句子。

1. 家乡　日益 _____

2. 留学生　日益 _____

3. 生活　日益 _____

4. 学习成绩　日益 _____

二、"说什么也……"

"说什么也……"是一种口语表达，表示"必须……""一定……"。

例：

1. 今天晚上我**说什么也**要把活干完。

2. 这件事**说什么也**得先跟我们商量好再做决定。

3. 放心吧，**说什么也**不会把你忘了。

4. 今天你**说什么也**要和我们一起去看电影。

用"说什么也……"完成句子。

1. 明天就要考试了，＿＿＿＿＿＿＿＿＿＿＿＿＿＿＿＿＿＿＿＿。（复习）

2. 马上就要回国了，＿＿＿＿＿＿＿＿＿＿＿＿＿＿＿＿＿＿。（去一次北京）

3. 他这个人太热心了，＿＿＿＿＿＿＿＿＿＿＿＿＿＿＿＿＿。（提箱子）

4. A: 到了中国以后，一定要给我打电话。

　　B: ＿＿＿＿＿＿＿＿＿＿＿＿＿＿＿＿＿＿＿＿＿。（不会忘记）

三、"各+v.+各的（+n.）"

"各+v.+各的（+n.）"表示每个人各自完成自己的事，互不干涉。

例：

1. 既然不让我请客，咱们就**各付各的**钱吧。

2. 大家握手道别，以后**各走各的**路。

3. 你们俩**各做各的**卷子，不要说话。

4. 我们大家平时**各忙各的**事，见面的时间很少。

5. 这两本书**各有各的**特点，都很好。

用"各+v.+各的（+n.）"组句。

夫妻吵架	吃	早饭	＿＿＿＿＿＿＿＿＿＿＿＿＿＿＿
商量	做	题目	＿＿＿＿＿＿＿＿＿＿＿＿＿＿＿
贵	买	机票	＿＿＿＿＿＿＿＿＿＿＿＿＿＿＿
代领	拿	护照	＿＿＿＿＿＿＿＿＿＿＿＿＿＿＿

四、"不至于"

"不至于"表示不会达到某种程度。

例：

1. 如果你事先做好准备，也不至于什么都不会。

2. 别担心，我相信他不至于为了这点小事就生气。

3. 我只是有点咳嗽，还不至于要去医院。

4. 对此，我虽不至于一无所知，但相关的知识确实很少。

用"不至于"完成句子。

1. 姐姐虽然高考成绩不理想，但还＿＿＿＿＿＿＿＿＿＿＿＿＿＿＿＿。（大学）

2. 晚上把东西准备好，早上早点起床，就＿＿＿＿＿＿＿＿＿＿＿＿＿＿。
（匆忙）

3. 都是成年人，＿＿＿＿＿＿＿＿＿＿＿＿＿＿。（道理）

4. 如果你提前预定，＿＿＿＿＿＿＿＿＿＿＿＿＿。（订不到票）

课文一　会话实践

一、根据短文内容回答问题。

1. 为什么说地球如同一个村落？

2. 哪些之前不敢想的距离，现在很容易就能跨越了？

3. 如何体现出大家都是这个"村子"中的一分子？

二、根据提示复述。

Ⓐ　就像北京奥运会＿＿＿＿＿＿＿《我和你》中唱的那样："我和你，＿＿＿＿＿＿，同住＿＿＿＿＿＿。"现代科技的＿＿＿＿＿＿，缩短了地球上人与人之间的＿＿＿＿＿＿。国际交往＿＿＿＿＿＿频繁，＿＿＿＿＿＿如同茫茫＿＿＿＿＿＿中的一个小小村落。之前想都＿＿＿＿＿＿的距离，现在很容易就能跨越。比如，早上在中国广州吃个早茶，中午飞到日本看富士山，晚上就能飞回中国上海，过＿＿＿＿＿＿。这个世界上人与人＿＿＿＿＿＿距离在大大＿＿＿＿＿＿。

与此同时，地球村的＿＿＿＿＿＿也体现了人们对＿＿＿＿＿＿、＿＿＿＿＿＿的期待，以及对＿＿＿＿＿＿的期待。无论＿＿＿＿＿＿，不管＿＿＿＿＿＿，人人平等，文化交融。国与国之间，你中有我，我中有你，相互＿＿＿＿＿＿。大家都是这个"村子"中的一分子，谁也离不开谁，这样就形成了人类命运共同体。

Ⓑ

　　就像北京奥运会开幕式主题曲《我和你》中唱的那样："……，……，……。"现代科技的迅速发展，缩短了地球上人与人之间的时空距离。……，整个地球如同茫茫宇宙中的一个小小村落。……，现在很容易就能跨越。比如，……，中午飞到日本看富士山，晚上就能……，过丰富的夜生活。……。

　　与此同时，……也体现了人们对全球化、一体化发展的期待，……。无论肤色，不管种族，……，文化交融。国与国之间，……，我中有你，……。大家都是……，谁也离不开谁，这样就形成了人类命运共同体。

三、讨论。

哪些方面的进步使得生活越来越方便，缩短了时空距离？

四、活学活用。

如果给你一天时间，用来领略不同国家或地区的风俗，你会如何安排？可根据课文内容制定你的行程。

课文二 会话实践

一、根据对话内容回答问题。

1. 卡米拉为什么想请张山喝咖啡？

2. 张山为什么坚决不同意卡米拉请客？

3. 卡米拉最后请客了吗？

4. "恭敬不如从命"是什么意思？什么场合我们可以说这句话？

二、情景再现。

分角色，有感情地朗读对话，注意语音、语调及不同人物的语气。

1. 说什么也不能让女生请客。

2. 再说了，这都是不值一提的小事。

3. 谁规定必须由男生买单？

4. 如果你不收这个钱，就是看不起我！

5. 不至于吧。好吧，那恭敬不如从命了。

三、根据提示复述。

Ⓐ 两人一组，根据提示复述课文。

卡米拉

○ 谢谢你，＿＿＿＿＿＿你这么长时间。对了，今天＿＿＿＿＿＿，咱们去新天地喝杯咖啡怎么样？

○ 不是说不论＿＿＿＿＿＿，人人＿＿＿＿＿＿嘛。为了＿＿＿＿＿＿，请你喝个咖啡怎么啦？

○ 尊重女生的＿＿＿＿＿＿也是＿＿＿＿＿＿和绅士风度的一种体现。谁＿＿＿＿＿＿必须由男生买单？你说服不了我。
（……）

○ 为什么中国人总是＿＿＿＿＿＿＿＿＿＿？
（……）

○ 之前考虑到＿＿＿＿＿＿，才没有付钱。既然不让我请客，咱们就各付各的钱吧。＿＿＿＿＿＿你们中国的一句话，如果你不收这个钱，就是＿＿＿＿＿＿我！

张山

○ 说什么也不能让女生请客。再说了，这都是＿＿＿＿＿＿的小事。

○ 不行，让女生买单，我＿＿＿＿＿＿不说，别人还会觉得我缺少＿＿＿＿＿＿＿＿＿＿，缺乏＿＿＿＿＿＿。
（……）

○ 这是我们对待朋友的一种礼节，＿＿＿＿＿＿是女性朋友。你没发现服务员也＿＿＿＿＿＿男生买单嘛。
（……）

○ 说好我请嘛！

○ 不至于吧。好吧，那＿＿＿＿＿＿不如从命了。

Ⓑ 今天，卡米拉的中国语伴张山帮她改作业。卡米拉想请……。张山觉得都是……，不让女生请客。卡米拉觉得不论性别，……。张山觉得让女生买单，……，别人还会觉得他……，……。卡米拉不同意张山的观点，她质疑：谁规定……？张山抢着买了单，并告诉卡米拉，在中国这是……，……。连服务员都……。

回家的路上，卡米拉还是给张山转账了，她发信息给他说，"之前考虑……，才没有付钱。既然不让我请客，……。借用你们中国的一句话，如果你不收这个钱，……！"张山只好收下了，并说……。

四、讨论。

请大家讨论，遇到下列情景时到底应该由谁买单？

关系	情况	为什么应该由男生买单？	为什么应该由女生买单？	为什么该各付各的？
夫妻	购买生活用品			
男女朋友	情人节晚餐			
普通朋友	周末午餐聚会			
同学	一起喝咖啡			

五、活学活用。

你打算请你的语伴或朋友吃饭，请模仿课文编一个对话，并进行表演。

练 习

一、模仿例子，扩展下列词语。

欣赏	我喜欢欣赏音乐。→ 压力大的时候，我喜欢欣赏音乐。→ 压力大的时候，我喜欢欣赏经典音乐，这样会让我身心放松。
缩短	
体现	
教养	
规定	

二、用下列生词和语言点，谈谈现代科技发展给生活带来的便利。

生词 迅速、频繁、意味着、何况、各自

语言点 日益、不至于

三、询问同学，从哪些方面可以感受到全球化带来的好处或坏处，完成表格，并进行介绍。

方面	好处	坏处
衣		
食		
住		
行		

拓 展

一、头脑风暴：在经济高速发展的今天，你更喜欢快生活还是慢生活？为什么？

例如，从前人们表达爱意会写一封长长的情书，现在的人们表达爱意只需在微信上发送一条信息……

二、辩论：从男女平等的角度，谈一谈恋人的共同消费该由谁来买单？谈谈你的观点并至少说出三个理由。全班可分两队，进行辩论。

我的观点	
我的理由	1.
	2.
	3.

文化拓展

一、读一读，唱一唱。

从前的日色变得慢，

车、马、邮件都慢，

一生只够爱一个人。

从前的锁也好看，

钥匙精美有样子，

你锁了，

人家就懂了。

——木心《从前慢》

二、读一读，想一想，说一说你对下列诗句的理解。

山川异域，风月同天。（长屋）

岂曰无衣？与子同袍。（《诗经·无衣》）

急难有情，情有余兮。（李隆基）

相知无远近，万里尚为邻。（张九龄）

青山一道同风雨，明月何曾是两乡。（王昌龄）

5 下载了吗？

1. 叙述、表示庆幸
2. 谈谈如何注册、登录APP
3. 介绍一些常用APP

热身准备

1. 请把图中的APP进行归类。

教育类：

社交类：

娱乐类：

购物类：

2. 你平时最常用的APP是哪几个？写下来，并给大家介绍一下。

3. 你用的APP需要付费吗？

课文一 短文 🎧

如果你想通过看视频节目学习中文，那我就向你推荐优酷。

优酷使用起来很方便：首先在手机商城里搜索并下载优酷APP；然后安装并打开APP的界面。这时，你会看见"登录"二字，如果你想用账号登录，就需要先注册；当然，你也可以用手机号和动态密码快捷登录，或者扫描屏幕上的二维码进行登录。成功登录后，再点击VIP键，可以购买会员，VIP会员可以看最新的电影，没有广告，并且速度超快。最后，用微信或者支付宝进行支付。完成支付后，你就可以尽情观看想看的内容了。优酷的导航分类很清晰，不单有电影，还有电视剧、音乐、娱乐、动漫等等。还等什么？快下载试试吧。

1. 首先	shǒuxiān	连 (conj.)	first	
2. 安装	ānzhuāng	动 (v.)	to install, to set up	～软件，～桌椅
3. 界面	jièmiàn	名 (n.)	interface	操作～，控制～
4. 登录	dēnglù	动 (v.)	to log on, to register	～账号，～APP
5. 账号	zhànghào	名 (n.)	account number, username	银行～，游戏～
6. 动态	dòngtài	名 (n.)	trend, dynamic state	～信息，明星～
7. 密码	mìmǎ	名 (n.)	password	手机～，指纹～，数字～
8. 扫描	sǎomiáo	动 (v.)	to scan	～文件，激光～

9. 屏幕	píngmù	名 (n.)	screen	电子~，电脑~
10. 点击	diǎnjī	动 (v.)	to click	~鼠标，~放大，~预览
11. 键	jiàn	名 (n.)	key, button	按~，~盘，琴~
12. 会员	huìyuán	名 (n.)	membership	~卡，~俱乐部
13. 导航	dǎoháng	名 (n.)	navigation	电子~，~员，~仪
14. 清晰	qīngxī	形 (adj.)	clear	发音~，~可见
15. 娱乐	yúlè	名 (n.)	entertainment	~场所，~方式
16. 动漫	dòngmàn	名 (n.)	cartoon, animation	看~，~小说

注 释

èrwéimǎ
二维码：又称"二维条码"，是近年来移动设备上很流行的编码方式。

课文二 对话 🎧

（白雪和卡米拉坐在室外说话，两人都拿着手机……）

卡米拉：白雪，给我推荐几款实用的手机APP吧，好让我更好地了解中国人的生活。

白　雪：你问对人了，我可是这方面的专家呀。你对哪方面的内容感兴趣呢？

卡米拉：吃、穿、住、行都要。那快点儿吧！我已经有些迫不及待了。

白　雪：吃的话，我们用"大众点评"，你可以搜索、浏览本地或者世界各地的美食，还能看到别人对饭店各方面的评价。你可以用它预订你喜欢的饭店，还能用优惠券打折呢。

卡米拉：嘿嘿，我是一个吃货，立志吃遍全城美食。你说得我口水都要流下来了。

白　雪：小馋猫！还有"饿了么"……

卡米拉：嗯，饿了！

白　雪：嗐，净捣乱。"饿了么"是一款叫外卖的APP。

卡米拉：啊？好尴尬呀！幸好有你在啊，不然又要闹笑话了。

白　雪：你过来看！这是叫车的，这是看视频的，这是听音乐的……

卡米拉：我现在就下载和注册。啊？要输入手机号码，还要关联银行账号？万一个人信息被泄露，怎么办哪？

白　雪：这些我一直都在用，没出过什么问题。

17.	款	kuǎn	量 (mw.)	kind, type	新～，一～，经典～
18.	实用	shíyòng	形 (adj.)	practical, functional	美观～，～信息，方便～
19.	迫不及待	pòbùjídài		can't wait to, to be anxious to do sth.	
20.	浏览	liúlǎn	动 (v.)	to skim through, to browse	～信息，～新闻
21.	评价	píngjià	名 (n.)	comment, evaluation	很高的～
22.	预订	yùdìng	动 (v.)	to book, to reserve	～房间，电话～，网上～
23.	优惠券	yōuhuìquàn	名 (n.)	coupon	领取～，两张～
24.	立志	lìzhì	动 (v.)	to resolve, to be determined to	暗暗～
25.	口水	kǒushuǐ	名 (n.)	saliva	流～，咽～
26.	馋	chán	形 (adj.)	greedy, gluttonous	嘴～，眼～
27.	嗯	ǹ/ńg	叹 (int.)	(to express agreement or assent) uh-huh, m-hm, well, yes	
28.	捣乱	dǎoluàn	动 (v.)	to make trouble, to create a disturbance	专门～，别～
29.	关联	guānlián	动 (v.)	to connect, to link	互相～，～账号，～信息
30.	万一	wànyī	连 (conj.)	what if, (just) in case	
31.	泄露	xièlòu	动 (v.)	to leak, to divulge	～信息，～秘密

注 释

chī huò
吃货：指特别喜欢、甚至迷恋美食的人。

语言点讲练

一、"首先……，然后……，再……，最后……"

"首先……，然后……，再……，最后……"是用于表达先后顺序的衔接词。

例：

1. 要做成一件事，**首先**要有信心，**然后**做好前期准备，**再**寻找到合适的时机，**最后**只管去做就好了。

2. 写作文，**首先**要确定主题，**然后**构思大致思路，**再**选择合适的词句表达具体内容，**最后**通读全文，反复修改错误。

（模仿例句，写两个包含"首先……，然后……，再……，最后……"的句子。）

1. _____。

2. _____。

二、"不单……，还……"

"不单"的意思是"不只是"。"不单"也可以说"不仅""不但"。

例：

1. 她不单会说英语，还会说中文和西班牙语。

2. 丽丽结婚后，不单要上班，还要做家务。

3. 李四这样做不单考虑到了利益问题，还考虑了公平问题。

用"不单……，还……"完成句子。

1. 来中国以后，我 _____，_____。

2. 中国美食很多，我 _____，_____。

3. 王老师人很好，_____，_____。

4. A: 参加中文知识比赛的人多吗?

   B: 很多，_____，_____。

三、"v.+遍"

"v.+遍"重复该动作很多次。

例：

1. 她要吃遍中国的美食。

2. 为了买那本书，她跑遍了上海的外文书店。

3. 四年的大学时光，他看遍了图书馆里的专业书籍。

4. 小王翻遍了家里的每个角落，也没找到新买的那副耳机。

用"v.+遍"造句。

1. _____ (玩儿)

2. _____ (走)

3. _____ (浏览)

4. _____ (听)

四、"幸好……，不然/否则/要不……"

"幸好……，不然/否则/要不……"表示因为前一句所说的有利条件，避免了后一句所说的不好的后果。

例：

1. **幸好**我们带着充电器，**不然**手机没电就联系不上他们了。

2. **幸好**你来了，**否则**我真不知道怎么办才好。

3. **幸好**护照找到了，**要不**这个暑假我就回不了国了。

4. **幸好**雨停了，**否则**我们都要被淋成落汤鸡了。

（完成下列句子。）

1. 幸好＿＿＿＿＿＿＿＿＿＿＿＿＿＿＿，不然得走着回学校了。

2. 幸好出门的时候看了天气预报，否则＿＿＿＿＿＿＿＿＿＿＿＿＿。

3. 幸好＿＿＿＿＿＿＿＿＿＿＿＿＿＿，要不我这次考试就不及格了。

4. 我忘了明天的活动，幸好你提醒我，要不＿＿＿＿＿＿＿＿＿＿＿＿＿。

课文一　会话实践

一、根据短文内容回答问题。

1. 作者向哪些读者推荐优酷？
2. 在哪儿可以下载优酷APP？
3. 有几种登录方式？
4. VIP会员有哪些特权？

二、根据提示复述。

Ⓐ　如果你想＿＿＿＿＿＿看视频节目学习中文，那我就向你＿＿＿＿＿＿优酷。

优酷使用起来很＿＿＿＿＿＿：＿＿＿＿＿＿在手机商城里搜索并下载优酷APP；然后＿＿＿＿＿＿并打开APP的＿＿＿＿＿＿。这时，你会看见"登录"二字，如果你想用

_____登录，就需要先_____；当然，你也可以用手机号和_____快捷登录，或者_____屏幕上的二维码进行登录。成功_____后，再点击VIP键，可以_____会员，VIP会员_____看最新的电影，没有_____，并且速度超快。最后，用微信或者支付宝进行支付。完成支付后，就可以尽情观看想看的内容了。优酷的_____分类很_____，_____有电影，还有电视剧、音乐、娱乐、动漫等等，_____等什么？快下载试试吧。

Ⓑ

如果你想通过……，那我就向你推荐优酷。

优酷使用起来很方便：首先在手机商城里……；然后安装并打开APP的界面。这时，……，如果你想用账号登录，……；当然，你也可以用手机号和……，或者……进行登录。成功登录后，再点击VIP键，可以购买会员，VIP会员可以……，没有广告，……。最后，用微信……。完成支付后，……。优酷的……，不单有电影，还有电视剧、音乐、娱乐、动漫等等。还等什么？……。

三、讨论。

你认为使用APP，需不需要购买VIP会员？

四、活学活用。

下载一款常用的中文APP，并尝试注册、登录和使用。

课文二 会话实践

一、根据对话内容回答问题。

1. 白雪推荐了哪些实用的手机APP？

2. 哪个APP可以浏览本地或世界各地的美食？

3. "小馋猫"是什么意思？

4. 为什么要输入手机号？

二、情景再现。

分角色，有感情地朗读对话，注意语音、语调及不同人物的语气。

1. 你问对人了，我可是这方面的专家呀。

2. 那快点儿吧！我已经有些迫不及待了。

3. 你说得我口水都要流下来了。

4. 嗐，净捣乱。

5. 啊？好尴尬呀！

三、根据提示复述。

Ⓐ 两人一组，根据提示复述课文。

卡米拉

白雪

○ 白雪，给我推荐_____实用的手机APP吧，好让我更好地了解中国人的生活。

○ 吃、穿、住、行都要。那快点儿吧！我已经有些_____了。

○ 嘿嘿，我是一个吃货，立志_____全城美食。你说得我口水都要流下来了。

○ _____，饿了！

○ 啊？好尴尬呀！辛好有你在啊，不然又要_____了。

○ 我现在就下载和_____。啊？要输入手机号码，还要_____银行账号？_____个人信息被泄露，怎么办哪？

○ 你问对人了，我可是这方面的专家呀。你对哪方面的内容_____呢？

○ 吃的话，我们用"大众点评"，你可以搜索、_____本地或世界各地的美食，还能看到别人对饭店各方面的_____。你可以用它_____你喜欢的饭店，还能用_____打折呢。

○ 小_____猫！还有"饿了么"……

○ 嗐，_____。"饿了么"是一款叫_____的APP。

○ 你过来看！这是叫车的，这是看视频的，这是听音乐的……

○ 这些我一直都在用，没出过什么问题。

Ⓑ

　　卡米拉请白雪给她推荐……，让她更好地……。卡米拉对……等方面都感兴趣，并……。白雪推荐她用"大众点评"，可以……，还能……。说可以用它预订……，还能……。卡米拉是一个吃货，立志……。白雪又推荐了……，这是一款叫外卖的APP。除了这些，她还推荐了……。卡米拉立刻就开始……。注册的时候，卡米拉发现要输入……，还要……，怕……，有点儿担心。可白雪说……，……。

四、讨论。

常用的APP有哪些? 各有什么特点?

种类	名字	特点
例: 看视频	优酷	可以观看最新的电影、电视剧、综艺节目

五、活学活用。

仿照课文, 向大家推荐一款APP。

提示: 用途、注册流程、登录方式、会员购买方式、付款方式等等。

练 习

一、模仿例子, 扩展下列词语。

登录	请重新登录。→ 请重新登录平台。→ 输入错误, 请重新登录平台。→ 验证码输入错误, 请重新登录平台。
浏览	
预订	
扫描	
购买	

二、用下列生词和语言点，谈谈手机APP如何使我们的生活更方便。

生词 安装、扫描、购买、会员、实用、预订

语言点 v.+遍；不单……，还……；幸好……，不然/否则/要不……

三、调查同学们的手机APP使用情况，完成下列表格，并简单介绍一下。

姓名	教育类	娱乐类	工具类	社交类
例：卡米拉	TED演讲	优酷视频	滴滴出行	微信

拓 展

一、辩论。

各种媒体平台开始实行付费制，请你谈谈APP付费使用的利弊。说出你的观点并至少列出五个理由。全班可分两队，进行辩论。

我的观点	
我的理由	1.
	2.
	3.
	4.
	5.

二、头脑风暴。

采访几位同学，请他们谈谈对于用户在手机APP上进行登录或付费时需要输入手机号和关联银行账号这个情况的看法。

同学A的观点	
理由	1.
	2.
	3.

同学B的观点	
理由	1.
	2.
	3.

同学C的观点	
理由	1.
	2.
	3.

文化拓展

一、土味情话。

1. A: 你脸上有点儿东西。
   B: 什么东西?
   A: 有点儿漂亮。
2. A: 我想问个路。
   B: 什么路?
   A: 通往你心里的路。
3. A: 你累不累啊?
   B: 不累啊。
   A: 可是你都在我脑子里跑了一整天了。
4. A: 猜猜我的心在哪边?
   B: 在左边。
   A: 不对，在你那边。
5. A: 我要去洗个东西。
   B: 洗什么?
   A: 喜欢你。

二、猜一猜，连一连。

3Q	对不起
dbq	谢谢
88	漂亮美眉
plmm	再见

6 低头族

1. 列举、选择
2. 谈谈智能手机对生活的影响
3. 谈谈丰富多彩的手机朋友圈

热身准备

1. 你每天使用手机的平均时长是多久？

    □ 不足3小时   □ 3-5小时   □ 6-8小时   □ 超过8小时

2. 如果要去一个小岛上生活30天，只能带三样东西，你选择带什么？

    □ 水   □ 一部有信号的手机   □ 书籍   □ 打火机   □ 刀子

    □ 太阳能手电筒   □ 方便面   □ 男/女朋友的照片

    其他 _____。

3. 一份可以自由使用手机的工作，与一份不可以使用手机但收入更高的工作，你会选择哪一个？为什么？

课文一 短文 🎧

    如果出门只能带一样东西，你选择带什么？

    相信很多人都会回答：手机。是的，智能手机正在渐渐颠覆我们的日常生活，它甚至已经成为我们生命中的"另一半"。调查显示，80%的智能手机用户在睡觉时与手机同床，71%的用户在手机没电时感到十分焦虑，60%的用户宁愿放弃一个月的假期，也不能一周没有手机。

    手机开始迫使其他设备彻底"失业"：渐渐地，人们只用手机看时间，只用手机当闹钟，只用手机看电影、听音乐，只用手机拍照，只用手机买单……很多人成夜成夜地刷手机，就连坐车、吃饭、上厕所时，手机都不离身。越来越多的青少年因此而视力下降，颈椎病频发。甚至有人过马路时都在低头刷手机！一旦出现危险，谁来承担后果？

    手机创造了社交新方式，但也拉远了人们之间的距离。人们宁愿在微信朋友圈里疯狂互动，也不在真实世界里交流。有人调侃说："最理想的生活在朋友圈，美女最多的地方是朋友圈，假期里朋友圈带你游遍全世界……"

1. 回答	huídá	动（v.）	to answer, to reply	～问题，～不出来
2. 智能手机	zhìnéng shǒujī	名（n.）	smartphone	
3. 渐渐	jiànjiàn	副（adv.）	gradually, by degrees	～暖和起来
4. 颠覆	diānfù	动（v.）	to overturn, to overthrow	～认知，～历史

5.	日常	rìcháng	形（adj.）	daily, routine	～生活，～活动
6.	用户	yònghù	名（n.）	user, subscriber	手机～，～信息
7.	焦虑	jiāolǜ	形（adj.）	anxious, troubled	～不安，心情～
8.	迫使	pòshǐ	动（v.）	to force, to compel	～某人……
9.	彻底	chèdǐ	形（adj.）	thorough, complete	～改变，很～
10.	闹钟	nàozhōng	名（n.）	alarm clock	定～，～响了
11.	视力	shìlì	名（n.）	vision, sight	～差，检查～，恢复～
12.	下降	xiàjiàng	动（v.）	to decrease, to decline	体重～，视力～
13.	颈椎	jǐngzhuī	名（n.）	cervical vertebra	～病，～疼，～不好
14.	刷	shuā	动（v.）	to glance over, to skim through, to swipe through	～手机，～朋友圈，～屏
15.	承担	chéngdān	动（v.）	to undertake, to be charged with	～责任，～工作
16.	调侃	tiáokǎn	动（v.）	to ridicule, to make fun of	自我～，互相～

课文二 对话 🎧

服务员：您的菜齐了，请慢用。

林　达：一看就知道肯定格外好吃，开吃！

卡米拉：这家店我种草很久了，先别动，我要拍照发朋友圈。

林　达：依我看啊，手机就是你的食物。你每天一刷手机就是好几个小时，也不用吃饭了。

卡米拉：别急，我这叫记录生活。

林　达：就你理由多！乖，不要再看手机了，菜都要凉了。

卡米拉：我先用"美图秀秀"修个图，传到朋友圈里。你记着给我点赞啊。

林　达：过分了啊，干脆都别吃了。

卡米拉：别不耐烦嘛！有52个人评论了，李老师称赞我拍照技术好呢，还发了个微笑的表情。

林　达：欸，你知道世界上最遥远的距离是什么吗？是我就在你面前，而你却在看手机。

卡米拉：总算回复完了。啊？你刚刚说什么？

林　达：嗐，真拿你没办法，算了，吃饭吧！

17.	齐	qí	形（adj.）	all ready, all present	准备～了
18.	格外	géwài	副（adv.）	especially, extraordinarily	～亲热，～好吃
19.	朋友圈	péngyouquān	名（n.）	moments (social networking function of APP WeChat, like the posts in Facebook), circle of friends	
20.	食物	shíwù	名（n.）	food	购买～，～清单
21.	记录	jìlù	动（v.）	to record, to take notes of	～生活，～信息
22.	理由	lǐyóu	名（n.）	reason, argument	～充足，毫无～
23.	乖	guāi	形（adj.）	well-behaved (used to presuade someone to show a good behavior)	～孩子
24.	修图	xiūtú	动（v.）	to retouch a photo	～软件，修一下图
25.	过分	guòfèn	形/副（adj./adv.）	excessive; too much	～关心，太～
26.	干脆	gāncuì	副（adv.）	just, simply	～别理他
27.	不耐烦	búnàifán		impatient	
28.	评论	pínglùn	动（v.）	to comment on, to discuss	～时事
29.	称赞	chēngzàn	动（v.）	to praise, to acclaim	～朋友，大加～
30.	表情	biǎoqíng	名（n.）	expression, look	～包，～严肃
31.	遥远	yáoyuǎn	形（adj.）	remote, distant	～的地方
32.	总算	zǒngsuàn	副（adv.）	finally, at long last	～对了，～晴了

注　释

zhòngcǎo
种 草：网络流行语，指对某个事物或某件事产生想要体验的欲望。

diǎnzàn
点 赞：在社交软件上，对某些内容表示称赞和喜欢。

语言点讲练

一、"成+m.+成+m.+地+v."

"成+m.+成+m.+地+v."中的"m."是量词或者有数量意义的名词。这个结构表示动作持续的时间长或发生的频率高。

例：

1. 一放假，学生就**成天成天**地睡懒觉。

2. 最近天气不好，学生**成批成批**地感冒、发烧。

3. 卡米拉很喜欢吃水果，总是**成箱成箱**地买。

4. 上学的时候，他们常常**成夜成夜**地刷手机、玩游戏。

用"成+m.+成+m.+地+v."回答问题。

1. 你最近黑眼圈怎么越来越重了？

　　　　　　　　　　　　　　　　　　　　　　　　（夜　复习）

2. 几天不见，你是不是胖了？

　　　　　　　　　　　　　　　　　　　　　　　　（天　吃）

3. 你HSK 5考得非常好啊！

　　　　　　　　　　　　　　　　　　　　　　　　（篇　做练习）

4. 你家怎么堆了这么多包裹啊？

　　　　　　　　　　　　　　　　　　　　　　　　（天　买）

二、"宁愿……，也不……"

"宁愿……，也不……"表示前后两种做法或情况都不理想，但通过比较之后，还是选择了前一种做法或情况。

例：

1. 我**宁愿**骑自行车，**也不**愿挤地铁上班。

2. 下雨天，他**宁愿**在家吃方便面，**也不**愿出去吃饭。

3. 现在有的年轻人**宁愿**一辈子单身，**也不**肯太早结婚。

4. 虽然宿舍条件不好，可他**宁愿**住宿舍，**也不**愿意搬到校外住。

用"宁愿……，也不……"完成句子。

1. 我 _____自己一个人在家，_____。（游泳）

2. 考试时，_____，_____去抄别人的答案。（写）

3. 路这么滑，_____，_____骑自行车。（走路）

4. 她 _____自己受苦，_____。（孩子）

三、"依我看……"

"依我看……"的意思是"根据我的看法……"，后面要说出说话人自己的想法。"我"可以替换成其他代词和名词，如"他""你""别人"等。

例：

1. **依我看**，今天这么热，你还是别去了。

2. 他今天说话特别奇怪，**依我看**，肯定是有什么秘密。

3. **依您看**，这件事应该怎么处理呢?

4. **依外人看**，他们总是吵架，关系肯定不好。

用"依……看……"完成句子。

1. _____，_____，到时候自然就有办法了。（别担心）

2. _____，_____，这几天好像都没有什么进展。（放弃）

3. _____，今天他是不会来了，_____。（晚）

4. _____，这件衣服不适合你，_____。（换）

四、"干脆……"

"干脆……"表示直截了当，简单爽快，常用在动词前面。

例：

1. 事实到底是怎么回事？你**干脆直接说**出来吧。

2. 别发微信了，**干脆打电话**把话说清楚。

3. 别吞吞吐吐的了，你**干脆直接告诉**他结果吧。

4. 你为什么不**干脆回答**说你喜欢他？

（用"干脆……"完成句子。）

1. 既然他房间这么乱，咱们＿＿＿＿＿＿＿＿＿＿＿＿＿＿＿。（打扫）

2. 大家都这么累，＿＿＿＿＿＿＿＿＿＿＿＿＿＿＿。（休息）

3. A: 我觉得他请我们去并不是出于真心。

　　B: ＿＿＿＿＿＿＿＿＿＿＿＿＿＿＿。（别去）

课文一　会话实践

一、根据短文内容回答问题。

1. 为什么说手机已成为我们生命中的"另一半"？
2. 手机引发了青少年的哪些身体问题？
3. 智能手机的功能有哪些？
4. 新的社交方式是否疏远了人们之间的距离？

二、根据提示复述。

Ⓐ　如果出门只能带一样东西，你选择带什么？

相信很多人都会＿＿＿＿＿＿：手机。是的，＿＿＿＿＿＿手机正在渐渐＿＿＿＿＿＿我们的＿＿＿＿＿＿生活，它甚至已经成为我们生命中的"另一半"。有调查显示，80%的智能手机＿＿＿＿＿＿在睡觉时与手机同床，71%的＿＿＿＿＿＿在手机没电时感到十分＿＿＿＿＿＿，60%的用户＿＿＿＿＿＿放弃一个月的假期，＿＿＿＿＿＿能一周没有手机。

　　手机开始＿＿＿＿＿＿其他设备彻底"失业"：＿＿＿＿＿＿地，人们只用手机＿＿＿＿＿＿，只用手机＿＿＿＿＿＿，只用手机＿＿＿＿＿＿、＿＿＿＿＿＿，只用手机＿＿＿＿＿＿，只用手机＿＿＿＿＿＿……很多人＿＿＿＿＿＿刷手机，就连坐车、吃饭、上厕所时，手机都＿＿＿＿＿＿。越来越多的青少年因此而＿＿＿＿＿＿，＿＿＿＿＿＿频发，甚至有人过马路时都在＿＿＿＿＿＿刷手机！一旦＿＿＿＿＿＿，谁来承担后果？

　　手机创造了＿＿＿＿＿＿新方式，但也＿＿＿＿＿＿了人们之间的＿＿＿＿＿＿。人们＿＿＿＿＿＿在微信朋友圈里疯狂互动，＿＿＿＿＿＿在真实世界里交流。有人＿＿＿＿＿＿说："＿＿＿＿＿＿的生活在朋友圈，＿＿＿＿＿＿的地方是朋友圈，＿＿＿＿＿＿朋友圈带你＿＿＿＿＿＿世界……"

B

　　如果出门只能带一样东西，你选择带什么？

　　相信很多人……：手机。是的，……正在渐渐……，它甚至……。调查显示，80%的……，71%的……在手机没电时……，60%的……一个月的假期，……没有手机。

　　手机开始迫使其他设备彻底"失业"：渐渐地，人们只……，只……，只……，只……，只用手机买单……很多人成夜成夜地刷手机，就连……，……。越来越多的青少年因此而……，……。甚至有……！一旦出现危险，……？

　　手机……，但也……。人们宁愿……，也不……。有人调侃说："……，美人最多的地方是朋友圈，……世界……"

三、讨论。

如果没有智能手机，你的生活会发生哪些变化？

四、活学活用。

两人一组进行对话，谈谈各自对智能手机的看法，尽量使用下列词语和句式，并把对话内容写下来。

词语	句式
搜索、屏幕、游戏、随时、耽误、浏览、沉迷、视力、疲劳、聊天、空虚、自由、无纸化、不能自拔	这要看怎么说…… 我也有同感！ 我迷上了…… 为什么这么说呢？

课文二　会话实践

一、根据对话内容回答问题。

1. 卡米拉喜欢这家店吗？
2. 卡米拉如何记录生活？
3. 为什么林达说："干脆都别吃了"？
4. 世界上最遥远的距离是什么？

二、情景再现。

分角色，有感情地朗读对话，注意语音、语调及不同人物的语气。

三、根据提示复述。

Ⓐ 两人一组，根据提示复述课文。

 林达

○ 一看就知道肯定_____好吃，开吃！

○ _____啊，手机就是你的_____。你每天一_____就是好几个小时，也不用吃饭了。

○ 就你_____！乖，不要再看手机了，菜都要_____了。

○ 过分了啊，_____都别吃了。

○ 欸，你知道世界上_____的距离是什么吗？是我就在你面前，而你却在看手机。

○ 嘁，真拿你没办法，_____，吃饭吧！

 卡米拉

○ 这家店我_____很久了，先别动，我要拍照_____。

○ 别急，我这叫_____生活。

○ 我先用"美图秀秀"_____，传到朋友圈里。你记着给我_____啊。

○ 别不_____嘛！有52个人_____了，李老师_____我拍照技术好呢，还发了个微笑的_____。

○ _____回复完了。啊？你刚刚说什么？

Ⓑ

　　林达看到刚上的菜……，这家店卡米拉……，她让林达先别动，她要……。依林达看啊，……，她每天……，……。卡米拉却说……。林达让卡米拉……，菜……。卡米拉还要用……，传到……。她还让林达给她……。

　　林达生气地说……。卡米拉的朋友圈……，李老师……，还……。林达问道：你……？是我就在你面前，……。卡米拉总算回复完了。她问林达……？林达说……

四、讨论。

你的生活中有像卡米拉一样的朋友吗？他们每天都拿着手机做什么？这样会不会忽略了身边的朋友？

五、活学活用。

两人一组模仿对话，说一说你们平时使用手机的故事，并写下来。

练 习

一、模仿例子，扩展下列词语。

智能	智能手机 → 买了一部智能手机。→ 一拿到奖学金，我就去买了一部新款智能手机。
日常	
彻底	
渐渐	
记录	
评论	

二、用下列生词和语言点，谈谈现在的人们离不开智能手机的原因。

生词　颠覆、彻底、渐渐、格外、记录、理由

语言点　依我看……；宁愿……，也不……；干脆

三、讨论：现在有一句流行语——"活在朋友圈，'死'在现实里"。请谈谈对这句话的看法，并举例说明。

例如：清晨起来，拍一张素颜照发朋友圈，其实是化了淡妆且美图后的自拍照。
　　　大清早发朋友圈："去公园晨跑，打卡成功"，其实只是把许久未动过的健身装备拿出来穿上而已。

拓 展

辩论：智能手机带来了哪些利弊？谈谈你的观点并至少说出五个理由，全班可分两队，进行辩论。

（提示：生活、朋友、家庭、工作……）

我的观点	
我的理由	1.
	2.
	3.
	4.
	5.

文化拓展

一、朗读下列诗句，并挑选一句背诵。

1. 夕阳无限好，只是近黄昏。（李商隐《登乐游原》）
2. 满目河山空念远，落花风雨更伤春，不如怜(lián)取眼前人。（晏殊《浣溪沙·一向年光有限身》）
3. 人生得意须尽欢，莫使金樽(jīnzūn)空对月。（李白《将进酒》）
4. 你/一会看我/一会看云/我觉得/你看我时很远/你看云时很近（顾城《远和近》）
5. 从明天起，做一个幸福的人，喂马、劈柴(pīchái)、周游世界。从明天起，关心粮食和蔬菜，我有一所房子，面朝大海，春暖花开。（海子《面朝大海，春暖花开》）

二、与老师和同学讨论下列网络流行语的含义和使用方法。

安利、剁(duò)手、买家秀、点赞(zàn)、C位
996、撒狗粮(sǎgǒuliáng)、佛系、我太难了、立flag

7 成功出于勤奋

1. 转告、转述、概括
2. 谈谈勤奋的美德
3. 谈谈快递小哥的勤奋品质

热身准备

1. 下列中华传统美德里，你最看重哪个？

□ 勤奋　　□ 诚实　　□ 守信　　□ 节约　　□ 孝顺　　□ 尊老爱幼　　□ 谦让

2. 说一说你的勤奋事例。

3. 在你的国家，哪些品行很重要？

课文一　短文 🎧

　　勤奋就是尽力多做事，勤奋就是不懈努力。中国人历来崇尚勤奋，赞美勤奋。在中国的传统文化里，人们把勤奋、发家致富和创造幸福自然地联系在一起。中国人相信"天道酬勤"，多一份耕耘，多一份收获。只要你付出足够的努力，一定会有相应的收获。俗话说"书山有路勤为径，学海无涯苦作舟"，可见，勤奋是通往知识和学问的必由之路。其实，不管在哪个国家，勤奋都是一种受到肯定的美德。勤奋可以赢得一切，勤奋引导着人生走向巅峰。机会总是留给有准备的人，只要足够勤奋，成功就会越来越近。美国著名发明家爱迪生说："天才是百分之一的灵感加上百分之九十九的汗水。"日本企业家松下幸之助说："勤劳工作、诚恳待人是迈向成功的唯一途径。"综上所述，我认为成功出于勤奋。

1. 尽力	jìnlì	动 (v.)	to try one's best, to do all one can	～干好，～了，～而为
2. 历来	lìlái	副 (adv.)	always, constantly, all long	～如此
3. 崇尚	chóngshàng	动 (v.)	to advocate	～节俭，～和平
4. 赞美	zànměi	动 (v.)	to praise, to eulogize	～别人，由衷地～
5. 可见	kějiàn	连 (conj.)	so, it follows that	
6. 美德	měidé	名 (n.)	virtue, moral excellence	传统～
7. 赢	yíng	动 (v.)	to win	～了，～得
8. 引导	yǐndǎo	动 (v.)	to lead, to guide	～参观
9. 天才	tiāncái	名 (n.)	genius, talent	～少年，音乐～
10. 灵感	línggǎn	名 (n.)	inspiration	寻找～，获得～

11.	勤劳	qínláo	形（adj.）	diligent, industrious	～勇敢，～致富
12.	诚恳	chéngkěn	形（adj.）	sincere	态度～，言辞～
13.	迈向	màixiàng	动（v.）	to stride to, to march toward	～成功，～未来
14.	唯一	wéiyī	形（adj.）	only, sole	～的办法，～的亲人
15.	途径	tújìng	名（n.）	approach, way, channel	唯一～，各种～

注　释

1. 天道酬勤
   tiāndàochóuqín
   ：指下了苦功夫必然会有收获。
2. 书山有路勤为径，学海无涯苦作舟
   shūshān yǒu lù qín wéijìng　xué hǎi wú yá kǔ zuòzhōu
   ：在读书、学习的道路上，没有捷径可走。如果你想汲取更多更广的知识，只有勤奋和刻苦。

课文二 对话 🎧

林　　达：今天太阳从西边出来啦？平时不刷手机好像要了你的命似的，今天怎么不玩了？

卡 米 拉：我正准备下个星期的HSK 4级考试呢。这天气还偏偏跟我过不去！刮台风，下暴雨，我索性不去图书馆了。

林　　达：要照我说，就在宿舍好好复习吧。对了，我刚叫了外卖。

（敲门声……）

外卖小哥：您好，这是您点的海鲜炒面和玉米烙。

林　　达：是的。这破天气，幸亏有你们送餐。

外卖小哥：确认订单后给个五星好评吧。

卡 米 拉：这暴风雨天，视线不好，道路又滑，您拐弯时注意安全，别摔倒了。

外卖小哥：谢谢，我得抓紧时间多送几单，恶劣天气送单有额外补助和提成呢。

林　　达：那要当心！我一定给您五星好评。再见！

小　　哥：再见！

（外卖小哥走后……）

林　　达：外卖小哥干活儿真勤奋。

卡 米 拉：可不，这台风天，真为他捏一把汗。

林　　达：天道酬勤嘛！别看只是送外卖，据说月收入过万呢。

卡 米 拉：吃得苦中苦，方为人上人。先苦后甜嘛！所以我也得勤奋地学习呀！

林　　达：对，我们也要撸起袖子加油干！

16.	偏偏	piānpiān	副（adv.）	just, only, deliberately	～喜欢你，～不听
17.	台风	táifēng	名（n.）	typhoon	刮～，十二级～
18.	海鲜	hǎixiān	名（n.）	seafood	～火锅，～过敏
19.	炒	chǎo	动（v.）	to stir-fry, to sauté	～菜，糖～栗子
20.	玉米烙	yùmǐlào	名（n.）	corn bake/pancake	
21.	幸亏	xìngkuī	副（adv.）	luckily, fortunately	～你提醒
22.	订单	dìngdān	名（n.）	order (form), order for goods	～数量，跟踪～
23.	拐弯	guǎiwān	动（v.）	to turn (a corner), to make a turn	在这儿～，～要慢行
24.	摔倒	shuāidǎo	动（v.）	to fall over, to slip and fall	
25.	抓紧	zhuājǐn	动（v.）	to firmly grasp, to pay close attention to	～时间，～学习
26.	恶劣	èliè	形（adj.）	extremely bad, abominable	品行～，环境～，天气～
27.	额外	éwài	形（adj.）	extra, additional	～负担，～开支
28.	补助	bǔzhù	名（n.）	subsidy	发放～，困难～
29.	提成	tíchéng	名（n.）	commission	拿～，利润～
30.	当心	dāngxīn	动（v.）	to be careful, to watch out	～地上滑，千万～
31.	干活儿	gànhuór	动（v.）	to work on a job (oral language)	忙着～
32.	捏一把汗	niē yìbǎ hàn		to be breathless with anxiety or tension, to be on edge	
33.	据说	jùshuō	动（v.）	it is said that…, they say…	

注 释

1. 吃得苦中苦，方为人上人：吃得千辛万苦，才能获取功名富贵，成为被别人敬重、爱戴的人。
   <small>chī dé kǔ zhōng kǔ　fāng wéi rén shàng rén</small>

2. 撸起袖子加油干："撸袖子"指在做体力劳动之前把袖子退到胳膊上方，以便于劳动。这句话用来形容卖力干活、埋头工作的精神状态。
   <small>lū qǐ　xiù zi　jiā yóu gàn</small>

语言点讲练

一、"综上所述"

"综上所述"常用于引出结论。

例：

1. 综上所述，我觉得你的这个观点是站不住脚的。

2. 综上所述，不难看出，新的计划确实更科学。

3. 综上所述，我们可以得出结论——购物可以缓解压力。

4. 综上所述，可以预测，这次经济衰退比前两次温和。

排列句子和短语的顺序，组成语段。

a. 综上所述

b. 对于这个问题

c. 有些人不同意这种看法，有些人却十分赞同

d. 还有些人提出了一些新的看法

e. 目前还没有一个结论

f. 我认为还需要进一步深入地调查研究

二、"跟……过不去"

"跟……过不去"表示对某人、某事不满意，总是找麻烦。

例：

1. 别生气了，怎么自家人跟自家人过不去呢？

2. 你可以跟全世界过不去，就是不要为难自己。

3. 千万别跟老天爷过不去。

4. 你别劝我了，他就是故意（deliberately）跟我过不去。

用"跟……过不去"完成句子。

1. 自从上次吵架后，_____，也不知道她是怎么想的。

2. 他总是挑我的毛病，_____。

3. 既然问题是不可避免的，我们又何必自寻烦恼，_____？

4. 小王为人善良，诚实守信，_____。

三、"索性"

"索性"是副词，表示干脆，直截了当。

例：

1. 妈妈总是唠叨，我索性搬出去住了。

2. 吃了好几天药，感冒还没好，她索性不吃了。

3. 同学们索性收起了雨伞，让细雨淋在身上。

4. 他眼前一阵黑，索性闭上眼睛，一屁股坐在地上。

用"索性"完成句子。

1. 天太热了，_____。（出门）

2. 明天不用早起，_____。（熬夜）

3. 这个也好看，那个也好看，_____。（买）

4. 今天是周末，但是外面下着大雨，_____。（睡觉）

四、"别看A，B"

"别看A，B"表示先承认事实A，再提出往往与A难以共同成立的结论B。

例：

1. **别看**他年纪不大，管的事倒是很多。
2. **别看**他外表 强 壮（strong），其实内心很脆弱（fragile）。
   ^qiángzhuàng　　　　　　　　　　^cuìruò
3. **别看**小王个头儿小，干起活来可真快。
4. **别看**他平时不说话，到了关键时刻，都是他做决定。

（完成下列句子。）

1. 别看他刚学了三个月的中文，＿＿＿＿＿＿＿＿＿＿＿＿＿＿＿＿。（流利）
2. 别看他俩天天吵架，＿＿＿＿＿＿＿＿＿＿＿＿＿＿＿。（关系）
3. 别看＿＿＿＿＿＿＿＿＿＿＿＿＿＿，心却是很善良。（长得凶）
   　　　　　　　　　　　　　　　　　　　　　^xiōng
4. 别看＿＿＿＿＿＿＿＿＿＿＿＿＿＿，篮球却打得特别棒。（个子不高）

五、"据+v."

"据+v."用来引出句子，"据"的意思是"根据"；后面的动词可以是"说""统计""记载""调查""了解""报道"等。

例：

1. **据说**，企鹅（penguin）一生只会选择一个伴侣（companion）。
   　　　^qǐ'é　　　　　　　　　　　　　　　　　　　^bànlǚ
2. **据统计**，这次地震致8人死亡，125人受伤。
3. **据记载**，这是20年来最大的一场雪。
4. **据调查**，人们每天看新闻的时间平均为23分钟。

（用"据+v."回答问题。）

1. 现在中国老年人的平均寿命是多少岁？
   ＿＿＿＿＿＿＿＿＿＿＿＿＿＿＿＿＿＿＿＿＿＿＿＿＿＿＿＿。

2. 上海地区的房价还会继续上涨吗？
   ＿＿＿＿＿＿＿＿＿＿＿＿＿＿＿＿＿＿＿＿＿＿＿＿＿＿＿＿。

3. 今年的国庆节怎么放假啊？
   ＿＿＿＿＿＿＿＿＿＿＿＿＿＿＿＿＿＿＿＿＿＿＿＿＿＿＿＿。

课文一 会话实践

1. 找出课文里谈论勤奋的句子。
2. 用你的话说一说"天道酬勤"是什么意思?
3. 你怎么看待勤奋?
4. 你认为成功和勤奋有没有关系?

Ⓐ 勤奋就是＿＿＿＿＿＿多做事,勤奋就是＿＿＿＿＿＿努力。中国人历来＿＿＿＿＿＿勤奋,＿＿＿＿＿＿勤奋。在中国的传统文化里,人们把勤奋、发家致富和创造幸福自然地＿＿＿＿＿＿在一起。中国人＿＿＿＿＿＿"天道酬勤",多一份＿＿＿＿＿＿,多一份＿＿＿＿＿＿。只要你＿＿＿＿＿＿足够的努力,一定会有相应的＿＿＿＿＿＿。俗话说"书山有路勤为径,学海无涯苦作舟",＿＿＿＿＿＿,勤奋是通往知识和学问的＿＿＿＿＿＿。其实,不管在哪个国家,勤奋都是一种受到肯定的＿＿＿＿＿＿。勤奋可以＿＿＿＿＿＿得一切,勤奋＿＿＿＿＿＿着人生走向＿＿＿＿＿＿。＿＿＿＿＿＿总是留给有准备的人,只要足够勤奋,成功就会越来越近。美国＿＿＿＿＿＿发明家爱迪生说:"＿＿＿＿＿＿是百分之一的＿＿＿＿＿＿加上百分之九十九的＿＿＿＿＿＿。"日本企业家松下幸之助说:"勤劳工作、诚恳待人是迈向成功的＿＿＿＿＿＿。"综上所述,我认为成功出于勤奋。

Ⓑ 勤奋就是……,勤奋就是……。中国人历来……,……。在中国的传统文化里,人们把勤奋、发家致富……。中国人相信"天道酬勤",……,只要你付出足够的努力,……。俗话说"书山有路勤为径,……",可见,……。其实,不管在哪个国家,勤奋都是……。勤奋……,勤奋……。……,只要足够勤奋,成功就会越来越近。美国著名发明家爱迪生说:"……。"日本企业家松下幸之助说:"勤劳工作、诚恳待人是……。"综上所述,……。

三、讨论。

勤奋带来成功

（提示：有人说只要足够勤奋就可以成功，有的人却认为"天资＋机遇"才是成功的关键……）

四、活学活用。

根据课文里给出的例子，用中文说一说你们国家赞美勤奋的句子。

国家	赞美勤奋的句子
	1. 2. 3.
	1. 2. 3.
	1. 2. 3.

课文二　会话实践

一、根据对话内容回答问题。

1."今天太阳从西边出来了"这句话是什么意思？

2.卡米拉为什么索性不去图书馆了？

3.林达为什么要叫外卖？

4.下雨天，外卖小哥为什么要多送几单？

二、情景再现。

分角色，有感情地朗读对话，注意语音、语调及不同人物的语气。

1. 今天太阳从西边出来啦？

2. 这破天气，幸亏有你们送餐。

3. 可不，这台风天，真为他捏一把汗。

4. 别看只是送外卖，据说月收入过万呢。

5. 我们也要撸起袖子加油干！

三、根据提示复述。

Ⓐ 三人一组，根据提示复述课文。

 林达

 卡米拉

 外卖小哥

○ 今天_____从西边出来啦？平时不_____好像要了你的命似的，今天怎么不玩了？

○ _____，就在宿舍好好复习吧。对了，我刚叫了_____。

○ 是的。这破天气，_____送餐。

○ 那要_____！我一定给您五星好评。再见！

○ 外卖小哥_____真勤奋。

○ 天道酬勤嘛！别看只是送外卖，_____月收入过万呢。

○ 对，我们也要_____！

○ 我正准备下个星期的 HSK 4 级考试呢。这天气还_____跟我过不去！刮_____，下暴雨，我索性不去图书馆了。

○ 这暴风雨天，视线不好，道路又滑，您_____时注意安全，别_____了。

○ 可不，这台风天，真为他_____。

○ 吃得苦中苦，方为人上人。_____！所以我也得勤奋地学习呀！

○ 您好，这是您点的_____和_____。

○ 确认_____后给个五星好评吧。

○ 谢谢，我得_____时间多送几单，_____天气送单有_____补助和提成呢。

○ 再见！

Ⓑ
　　林达看卡米拉没有……，就说今天太阳从西边出来啦？……，……？卡米拉本来要去图书馆准备……。可是这天气……。林达让她……，她还叫了外卖。林达点了……。她感慨，这破天气，辛亏……。外卖小哥请林达确认……。卡米拉说暴风雨天，视线不好，道路又滑，让外卖小哥……，别……。外卖小哥想抓紧时间……，因为……。林达说她一定……。她还说外卖小哥……，天道酬勤！别看只是送外卖，……。卡米拉说："……，……。先苦后甜嘛！……！"林达说她们也要……！

四、讨论。

像外卖小哥这样，在暴风雨天也拼命工作的做法是否值得鼓励？说一说你的观点。

五、活学活用。

模仿课文，两三人一组，编一个与快递小哥或外卖小哥进行的对话，并写下来。

练 习

一、模仿例子，扩展下列词语。

尽力	尽力办好 → 应该尽力把那件事办好 → 答应别人的事，就应该尽力把那件事办好。
赞美	
赢	
勤劳	
偏偏	
辛亏	

二、用下列生词和语言点，谈谈你是如何勤奋学习或工作的。

生词　崇尚、美德、赢、勤劳、途径、幸亏、抓紧

语言点　索性、据+v.、综上所述

三、辩论。

你赞成下雨天叫外卖吗？全班可分成两队，进行辩论。记录下同学们赞成或者反对的理由。

赞成的理由	1.
	2.
	3.
	4.
	5.

反对的理由	1.
	2.
	3.
	4.
	5.

拓　展

讨论。

1. 最近网上热议"996"（早上9点上班，晚上9点下班，一周工作6天）工作时间，有人称年轻人自己要明白，幸福是奋斗出来的；有的人则指出工作不该一味地加班而该提高工作效率。再比如，某个员工感冒后，觉得不是大病，仍然带病坚持去公司工作。有人觉得这是勤奋工作的榜样；有人却觉得生病后不能很好地工作，还有可能把病毒传染给其他人。那么，以牺牲健康为代价的勤奋值不值得赞美？谈谈你的想法，并至少说出五个理由。

我的观点	
我的理由	1.
	2.
	3.
	4.
	5.

2. 采访几位同学，了解一下他们的想法，并记录下来。

姓名	观点	理由

文化拓展

一、朗读下列诗和句子，并挑选一句背诵。

1. 业精于勤，荒于嬉。（韩愈）
2. 爱学出勤奋，勤奋出天才。（郭沫若）
3. 富贵本无根，尽从勤里得。（冯梦龙）
4. 少壮不努力，老大徒伤悲。（汉乐府《长歌行》）
5. 黑发不知勤学早，白首方悔读书迟。（颜真卿）

二、两三人一组，从以上句子中挑选一个，编一个故事，要求有对话，有情节，并有感情地表演自己的对话。

8 全民健身

1. 意愿、猜测
2. 谈谈全民健身
3. 谈谈室内、室外健身

热身准备

1. 完成下列问题。

Q1：你参加了哪些体育运动？

☐ 广场舞　　☐ 瑜伽　　☐ 跑步　　☐ 游泳　　☐ 健身操　　☐ 球类运动　　☐ 其他

Q2：你平时去得最多的锻炼场地是：

☐ 体育馆　　☐ 健身房　　☐ 室外广场　　☐ 公园　　☐ 小区花园

Q3：你参加体育运动的强度为：

☐ 强度较轻　　☐ 强度一般　　☐ 中等强度　　☐ 强度较高

Q4：你参加体育运动的频率为：

☐ 每天一次　　☐ 每周一次　　☐ 每周两次以上　　☐ 每周四次以上

Q5：影响你体育锻炼的因素有：

☐ 学习或工作太忙，即使有空也想休息　　☐ 想运动但找不到同伴

☐ 场地限制　　　　☐ 不喜欢运动　　　　☐ 其他

2. 根据以上回答，请你说说自己参加体育活动有哪些特点？

课文一　短文 🎧

　　2009年，中国政府将8月8日定为"全民健身日"，以此鼓励民众广泛参与全民健身计划。如今，健身成了新时尚，它为越来越多的人带去健康、幸福和快乐。越来越多的人相信，有健康相伴，就是与幸福同行。全民健身计划以全国人民为实施对象，计划本身也日趋成熟，在"体育是民生，体育是精神，体育是文化"理念的指引下，各地广泛推进30分钟体育生活圈建设。现在，百姓健身步道、百姓健身房和市民体质监测中心等健身场所在全国遍地开花，政府为百姓健身提供了越来越多的免费场所与器材。

　　"健康是福""身体是最大的本钱"等标语随处可见。它们时刻提醒我们，身体健康不容忽视，健康是偷不走、抢不去的财富，也是任何东西都换不来的。管理好自己的健康，才能管理好自己的人生。由此看来，保持健身的好习惯将受益无穷。

1.	广泛	guǎngfàn	形（adj.）	extensive, wide-ranging	内容～，题材～
2.	参与	cānyù	动（v.）	to participate, to take part in	～讨论，～项目
3.	实施	shíshī	动（v.）	to implement, to carry out	～方案，～计划
4.	对象	duìxiàng	名（n.）	object, target, marriage partner	恋爱～，研究～
5.	本身	běnshēn	代（pron.）	itself	
6.	日趋	rìqū	副（adv.）	gradually, with each passing day	～繁荣，～成熟
7.	成熟	chéngshú	形（adj.）	mature, ripe, full-grown	条件～，～的意见
8.	理念	lǐniàn	名（n.）	notion, idea, philosophy	健身～，重要～，环保～
9.	指引	zhǐyǐn	动（v.）	to guide, to point (the way)	～方向，～某人
10.	建设	jiànshè	动（v.）	to build, to construct	经济～，基本～，～家园
11.	监测	jiāncè	动（v.）	to check, to monitor	～环境，～空气
12.	免费	miǎnfèi	动（v.）	to cost free	～参观，～医疗
13.	本钱	běnqián	名（n.）	capital, asset	有～
14.	标语	biāoyǔ	名（n.）	slogan, poster	宣传～，张贴～
15.	提醒	tíxǐng	动（v.）	to remind, to call attention to	～大家，互相～
16.	受益无穷	shòuyì wúqióng		to have unlimited benefits	

注 释

quánmín jiànshēn jìhuà
全民健身计划：中国政府为努力奠定建设体育强国的坚实基础而制定的群众体育发展计划，旨在提高全民族身体素质、健康水平和生活质量，促进人的全面发展。

课文二 对话 🎧

卡米拉：罗莎，你现在还健身吗？我想了解一下健身房的情况和课程安排。

罗　莎：我还坚持健身，只是不肯再去健身房花冤枉钱了。

卡米拉：那你在哪儿健身？

罗　莎：现在中国号召全民健身，各个小区都安放了很多健身器材，供人们锻炼身体，现在下楼就能健身。室外有新鲜的空气，广阔的视野，还能遇到形形色色的人。健身房一方面空气流通性不好，人多时得抢器材；另一方面办会员卡、买课程都要花很多钱。

卡米拉：可是在健身房健身不受天气影响，不论刮风下雨都可以坚持锻炼，这样更有规律，也更持久。私教帮你系统训练，也可以帮你纠正动作，从而让你学会保护自己，不容易受伤。

罗　莎：小区里的健身器材不仅种类丰富，而且都配有图片说明，很方便，不需要私教指导也能使用。

卡米拉：我看小区里的那些健身器材差不多都成了老人和孩子们的娱乐设施了，我觉得未必能达到健身增肌的目的，我还是去健身房吧。

17.	冤枉	yuānwang	形（adj.）	undeserved, not worthwhile	～钱，真～
18.	号召	hàozhào	动（v.）	to call, to appeal	发出～，响应～
19.	器材	qìcái	名（n.）	equipment, material	运动～，实验～，照相～
20.	广阔	guǎngkuò	形（adj.）	vast, wide, extensive	～前景，交游～
21.	流通	liútōng	动（v.）	to circulate	空气～，货币～
22.	持久	chíjiǔ	形（adj.）	sustained, lasting, enduring	～和平
23.	私教	sījiào	名（n.）	personal trainer	
24.	系统	xìtǒng	形（adj.）	systematic	～学习，～研究，不够～
25.	训练	xùnliàn	动（v.）	to train, to drill	～班，业务～，拓展～
26.	纠正	jiūzhèng	动（v.）	to correct, to redress	～错误，～姿势
27.	受伤	shòushāng	动（v.）	to be injured, to be wounded	～很轻，头部～
28.	图片	túpiàn	名（n.）	picture, photograph	～说明，～展览
29.	说明	shuōmíng	名（n.）	illustration, instruction, caption	附上～，情况～，使用～
30.	设施	shèshī	名（n.）	installation, facility	生活～，服务～

语言点讲练

一、"肯/不肯"

"肯"可用在动词前面表示主观上愿意和乐意，其否定形式为"不肯"。也可以单独使用。

例：

1. 只要肯努力，就没有做不到的事。

2. 我问她为什么生气，她就是不肯告诉我。

3. 我想邀请她参加我的生日晚会，不知道她肯不肯来。

4. 成功没有秘诀(secret)，敢尝试、肯吃苦、能坚持就能最终获得成功。

（用下列词组造句。）

吞吞吐吐	不肯	回答	_____
运动场上	不肯	落后	_____
可爱	肯	接近	_____
对的人	肯	结婚	_____

二、"一方面……，另一方面……"

"一方面……，另一方面……"用于列举一个事物互相矛盾或者补充的两个方面，也可以说"一方面……，一方面……"。

例：

1. 这次比赛，大家**一方面**积累了经验，**另一方面**也增进了相互之间的友谊。

2. **一方面**我们要坚守原则，**另一方面**又要善于变通，以适应新的发展形势。

3. 公司**一方面**说要提高员工福利，**一方面**又裁员 (to reduce the staff)，简直是自欺欺人。

4. 现在的年轻人，**一方面**注重健康问题，**一方面**又喜欢熬夜刷手机。

用"一方面……，另一方面……"完成句子。

1. 对于学生来说，要提高成绩，＿＿＿＿＿＿＿＿，＿＿＿＿＿＿＿＿。

2. 想要获得孔子学院奖学金，＿＿＿＿＿＿＿＿，＿＿＿＿＿＿＿＿。

3. 想要减肥成功，＿＿＿＿＿＿＿＿，＿＿＿＿＿＿＿＿。

三、"从而"

"从而"是连词，用在复句中后一部分的开头，表示前文所说的情况或者条件带来了相关联的结果。"从而"的后面一般接动词性结构。

例：

1. 学校开展了多种多样的课外活动，**从而**扩大了同学们的知识面。

2. 我是一个喜欢四处旅游的人，**从而**养成了四海为家 (Lead a wandering life.) 的习惯。

3. 有了你们的支持，我就更有信心，**从而**也能把工作做得更好。

4. 魔术师能够在表演中不露出一点破绽 (flaw)，**从而**使观众感到惊奇。

用"从而"完成句子。

1. 自信能给你勇气，＿＿＿＿帮助你＿＿＿＿＿＿。

2. 我们应该用积极的态度对待生活，＿＿＿＿获得＿＿＿＿＿＿。

3. 人们常常有危机感，积极应对它；＿＿＿＿能让人们＿＿＿＿＿＿。

4. 很多老师退休后坚持健身，＿＿＿＿＿＿＿＿。

四、"未必"

"未必"是副词，表示不能肯定，实际上是委婉地否定。"未必"后面如果是肯定形式，意思多为否定；"未必"后面如果是否定形式，意思多为肯定。

例：

1. 我看他今天**未必**会来。（很可能不会来）

2. 这件事老师**未必**不知道。（很可能是知道的）

3. 他们**未必**看过这部电影。（很可能没看过）

4. 你这样做就完全正确吗？我看**未必**吧。（不一定正确）

（用"未必"回答下列问题。）

1. 广告上说的都是真的吗？

　　　　　　　　　　　　　　　　　　　　　　。（多半不是真的）

2. 他这么努力，一定能取得成功吧？

　　　　　　　　　　　　　　　　　　　　　　。（多半不能成功）

3. 明天他会离开这里吗？

　　　　　　　　　　　　　　　　　　　　　　。（多半会走）

4. 他都没复习，考试能通过吗？

　　　　　　　　　　　　　　　　　　　　　　。（多半能通过）

课文一　会话实践

一、根据短文内容回答问题。

1. 设立"全民健身日"的目的是什么？

2. 全民健身计划的对象是哪些人？

3. 保持健身的好习惯将带来哪些好处？

4. 短文中出现了哪些宣传健身或身体健康的标语？

二、根据提示复述。

Ⓐ 2009年，中国政府将8月8日定为"＿＿＿＿＿"，以此鼓励民众＿＿＿＿＿全民健身计划。如今，健身成了＿＿＿＿＿，它为越来越多的人带去＿＿＿＿＿、＿＿＿＿＿和＿＿＿＿＿。越来越多的人相信，有健康相伴，就是＿＿＿＿＿。全民健身计划以全国人民为＿＿＿＿＿，计划本身也＿＿＿＿＿，在"体育是民生，体育是精神，体育是文化"理念的指引下，各地＿＿＿＿＿30分钟体育生活圈建设。现在，百姓健身步道、百姓健身房和市民体质监测中心等健身场所在全国＿＿＿＿＿，政府为百姓健身提供了越来越多的＿＿＿＿＿场所与器材。

"健康是福""身体是最大的＿＿＿＿＿"等＿＿＿＿＿随处可见。它们时刻＿＿＿＿＿我们，身体健康不容忽视，健康是偷不走、抢不去的财富，也是＿＿＿＿＿都换不来的。管理好自己的健康，才能管理好自己的人生。＿＿＿＿＿，保持健身的好习惯将＿＿＿＿＿。

Ⓑ
　　2009年，中国政府将8月8日定为"全民健身日"，……。如今，……，它为越来越多的人带去健康、幸福和快乐。越来越多的人相信，……，……。全民健身计划以……，计划本身也日趋成熟，在"体育是……，体育是……，体育是……"理念的指引下，……。现在，百姓健身步道、百姓健身房和市民体质监测中心等……，政府为百姓健身……。

　　"……""……"等标语随处可见。它们时刻提醒我们，……，健康是偷不走、抢不去的财富，也是……。……，才能管理好自己的人生。由此看来，……。

三、讨论。

体育（包括竞技运动和大众健身体育）在引领健康生活方式方面发挥了什么作用？

四、活学活用。

两人一组进行对话，谈谈各自的国家是如何推行全民健身计划的，尽量使用下列词语和句式，并把对话内容写下来。

词语	句式
广泛、参与、本身、理念、锻炼、自信、鼓励、健康、快乐、越来越、强身健体、受益无穷	我也有同感 我迷上了…… 由此看来，…… 只有……，才能……

课文二　会话实践

一、根据对话内容回答问题。

1. 罗莎一直坚持锻炼吗？

2. 室外健身的好处与坏处分别是什么？

3. 健身房健身的好处与坏处分别是什么？

4. 卡米拉在室内还是室外健身？

二、情景再现。

分角色，有感情地朗读对话，注意语音、语调及不同人物的语气。

1. 我还坚持健身，只是不肯再去健身房花冤枉钱了。

2. 那你在哪儿健身？

3. 我看小区里的那些健身器械差不多都成了老人和孩子们的娱乐设施了，我觉得未必能达到健身增肌的目的，我还是去健身房吧。

三、根据提示复述。

Ⓐ 两人一组，根据提示复述课文。

卡米拉

○ 罗莎，你现在还_____吗？我想了解一下健身房的情况和_____。

○ 那你在哪儿健身？

○ 可是在健身房健身不受_____，不论_____都可以坚持锻炼，这样更有规律，也更_____。私教帮你_____，也可以帮你_____，从而让你学会保护自己，不容易_____。

○ 我看小区里的那些健身器材差不多都成了老人和孩子们的_____了，我觉得_____能达到健身增肌的目的，我还是去健身房吧。

罗莎

○ 我还_____健身，只是不肯再去健身房_____了。

○ 现在中国_____，各个_____都安放了很多健身_____，供人们锻炼身体，现在下楼就能健身。室外有新鲜的空气，_____视野，还能遇到形形色色的人。健身房一方面空气_____不好，人多时得_____；另一方面_____、买课程都要花很多钱。

○ 小区里的健身器材_____种类丰富，_____都配有图片说明，很方便，不需要私教_____也能使用。

B

卡米拉问罗莎，现在还健身吗？她想了解一下……。罗莎……，只是……。因为中国现在……，各个小区都安放了……，供人们……，现在她下楼就能健身。在室外……，……，还能遇到……。健身房一方面……，人多时得……；另一方面……。而小区里的健身器材不仅……，而且，……。不需要私教指导……。卡米拉却觉得在健身房……，不论……，这样……，也……。私教……，也可以……，从而……，不容易受伤。公园里那些健身器材差不多都成了……，卡米拉觉得……，她还是……。

四、讨论。

你喜欢在室内健身还是室外健身？为什么？请至少说出五个理由，并写下来。

1	
2	
3	
4	
5	

五、活学活用。

模仿课文，两人一组编一个对话，对话内容为：A劝说不爱锻炼的B锻炼身体，告诉他/她可以选择室外锻炼，也可以选在健身房锻炼。B则尽可能多地说出自己不愿意锻炼的理由。

练　习

一、模仿例子，扩展下列词语。

广泛	广泛关注 → 引起了社会各界的广泛关注。→ 他写的著作引起了社会各界的广泛关注。
参与	
免费	
提醒	
训练	
说明	

二、用下列生词和语言点，谈谈实施全民健身计划的必要性。

生词　参与、实施、本身、日趋、提醒、受益无穷

语言点　一方面……，另一方面……；从而；未必

三、讨论。

介绍一项你或你身边的人一直坚持的体育或健身项目，并说说这个项目给你或你身边的人带来的变化。

拓　展

辩论。

有的人喜欢去健身房锻炼，因为担心受伤，往往会请私教；但是有的人已经有了明确的训练和饮食方案，不需要私教。你认为健身是否需要请一个专业的私教带着自己训练？请谈一谈你的观点，并说出至少五个理由，全班可分为两队，进行辩论。

我的观点

我的理由	1.
	2.
	3.
	4.
	5.

文化拓展

一、学一学、唱一唱。

左三圈，右三圈，脖子扭扭，屁股扭扭。

早睡早起，咱们来做运动！

抖抖手啊，抖抖脚啊，勤做深呼吸，

学爷爷唱唱跳跳，你才不会老。

笑眯眯，笑眯眯，做人客气，快乐容易，

爷爷说得容易，早上起床，哈啾哈啾。

不要乱吃零食，多喝开水，咕噜咕噜，我比谁更有活力……

———《健康歌》

二、学一学、读一读、背一背，并说一说你对下列句子的理解。

1. 生命在于运动。
2. 身体是革命（revolution）的本钱。
géming
3. 健康不是一切，但没有健康就没有一切。
4. 运动是一切生命的源泉（source）。
yuánquán

9 我眼中的美

1. 勉强、列举
2. 谈谈爱美之心
3. 谈谈各人的审美标准

热身准备

1. 你喜欢以下哪种类型的男生？

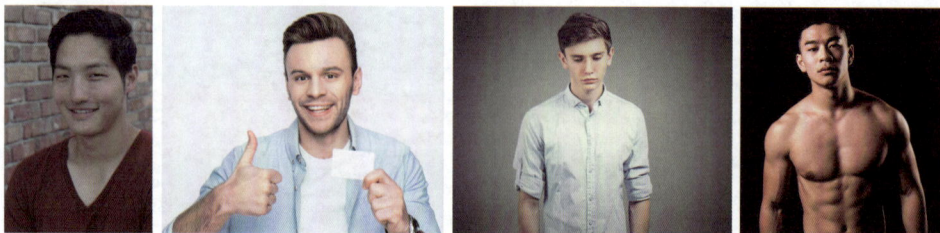

2. 你喜欢以下哪种类型的女生？

3. 选一选（单选题）。

(1) 你觉得人的外貌重要吗？

□ 是的，外表代表一切　　　□ 不重要，内在更重要

(2) 以下四种类型，你更欣赏：

女生选　　　　　　　　　男生选

□ 恋家型　　　　　　　　□ 高冷型

□ 才华型　　　　　　　　□ 可爱型

□ 肌肉型　　　　　　　　□ 淑女型

□ 幽默型　　　　　　　　□ 性感型

(3) 你对自己的容貌是否满意？

□ 很满意　　　　　　　□ 还不错　　　　　　　□ 不满意

(4) 你是否愿意对自己不满意的部位进行改造？

□ 愿意　　　　　　　　□ 不愿意

(5) 你是否支持大家为了美丽而去 整 容（cosmetic surgery）？
<small>zhěngróng</small>

□ 支持，爱美之心人皆有之

□ 不支持，自然的才是美的

□ 中立，如果外貌影响正常生活，整容是可以的

4. 请你说说找男/女朋友时，你最看重对方什么？

课文一　短文 🎧

　　常言道：爱美之心，人皆有之。可是，什么是美？美在何处？对于这样的问题，不同的人有不同的理解和认识，仁者见仁，智者见智。天生丽质是幸运的，但这种幸运无法预料，它必然只会降临到少数人身上。因此，普通人能做的便是全力以赴地塑造自己的内在美，它同样会使人光彩夺目。记住俄国文豪契诃夫的名言吧："美不应当只美在天然上，还应该美在灵魂上。"

　　从古至今，审美观一直发生着变化，每个时代都不相同。如今，随着全民健身口号的提出，越来越多的人愿意在身材管理上花更多的时间。而健康的身体和匀称的身材也成为了美的加分项。

1. 天生	tiānshēng	形 (adj.)	inborn, inherent, innate	～丽质，～一对
2. 预料	yùliào	动 (v.)	to predict, to expect	准确～
3. 必然	bìrán	形 (adj.)	inevitable, necessary	
4. 降临	jiànglín	动 (v.)	to befall, to arrive	夜色～，幸福～
5. 全力以赴	quánlìyǐfù		to go all out, to make an all-out effort	
6. 塑造	sùzào	动 (v.)	to model	～形象
7. 内在	nèizài	形 (adj.)	intrinsic, internal	～美，～想法，～品质
8. 光彩夺目	guāngcǎi-duómù	形 (adj.)	splendour, radiance	
9. 灵魂	línghún	名 (n.)	soul, spirit	纯洁的～，自由的～
10. 审美	shěnměi	动 (v.)	to appreciate the beauty	～能力，～方法

注　释

1. 爱美之心，人皆有之（àiměi zhīxīn, rénjiē yǒuzhī）：每个人都有一颗爱美丽的心，也就是人人都喜欢美的东西或事物。
2. 仁者见仁，智者见智（rénzhě jiànrén, zhìzhě jiànzhì）：指每个人都有独特的看法，不同的人会从不同的角度认识事物。
3. 契诃夫（Qìhēfū）：全名为安东·巴甫洛维奇·契诃夫，俄国著名作家，著有短篇小说《变色龙》《套中人》等。

课文二 对话 🎧

（卡米拉、林达、罗莎在操场上散步，远处有一位男生……）

卡米拉：你们看，操场上的那个欧巴帅不帅？那么高，是模特儿吧？

林　达：这也叫帅？你品位真独特。算了，你说帅就帅吧。

罗　莎：双眼皮、大眼睛、高鼻梁、V字脸、白皮肤……对于他的"帅"，我持保留意见。

卡米拉：浓眉大眼，多少还是有那么点儿英俊的吧！那你们觉得什么样的男生才算帅呢？

林　达：显然得高大、有肌肉、小麦肤色，看起来结实和健康。五官不重要，不过我更欣赏单
　　　　眼皮的男生。

卡米拉：不见得吧。你说过，你喜欢你男朋友就是因为他五官长得好。

林　达：嘿，五官长得好也加分哪。

罗　莎：就我而言，反而觉得心灵美更持久，更能打动我。在我眼里，谦虚、智慧、浪漫、
　　　　温柔、体贴的男人最有男人味儿。比如我家孙伟就男人味儿十足，所以他是我的
　　　　"菜"。

卡米拉：你那叫"情人眼里出西施"！

罗　莎：我下定决心了，非孙伟不嫁。

11. 模特儿	mótèr	名（n.）	model	平面～，～秀
12. 独特	dútè	形（adj.）	unique, special	风格～，～的见解
13. 浓	nóng	形（adj.）	thick, heavy	～妆
14. 眉	méi	名（n.）	eyebrow	柳叶～
15. 英俊	yīngjùn	形（adj.）	handsome, brilliant	～潇洒
16. 显然	xiǎnrán	形（adj.）	obvious, evident	很～
17. 结实	jiēshi	形（adj.）	strong, solid, sturdy	身体～
18. 五官	wǔguān	名（n.）	five sense organs, facial features	～端正，～精致
19. 不见得	bújiànde	副（adv.）	not likely, may not	～对
20. 反而	fǎn'ér	副（adv.）	instead, on the contrary	
21. 心灵	xīnlíng	名（n.）	heart, mind, soul	幼小的～，美好的～

22.	打动	dǎdòng	动（v.）	to touch, to move	～人
23.	谦虚	qiānxū	形（adj.）	modest	～谨慎
24.	智慧	zhìhuì	名（n.）	intelligence, wisdom	有～，集体的～
25.	温柔	wēnróu	形（adj.）	tender, gentle and soft	～可亲，～的眼神
26.	体贴	tǐtiē	动（v.）	to show consideration for, to give every care to	～病人，～入微
27.	决心	juéxīn	名（n.）	resolution, determination	～书，下定～
28.	嫁	jià	动（v.）	to marry	～人，～给我

注 释

1. 欧巴（ōubā）：来自韩国语的音译外来词，这里是帅哥的意思。

2. 是我的"菜"：是我喜欢的类型，这是网络用语。

语言点讲练

一、"你说……就……（吧）"

"你说……就……（吧）"表示勉强赞同，实际心里并不完全认同。

例：

1. **你说去就去**吧，我没什么意见。

2. **你说好看就好看**吧，那我们就买这件。

3. **你说什么就是什么**吧，我累了，不想和你吵架。

4. 凭什么**你说买就买**了，都不问问我的想法。

用"你说……就……（吧）"回答问题。

1. 明天有新电影上映，你陪我去看吧？

   _____

2. 晚上我们去吃火锅吧？

   _____

3. 我想去开双眼皮，你到底同意不同意？

   _____

4. 我就是觉得他是最帅的男明星。

   _____

二、"多少有那么点儿……"

"多少有那么点儿……"表示后文提到的情况虽不明显，但确实是存在和成立的。后面可以接形容词、名词或动词。

例：

1. 我工作三年了，**多少有那么点儿存款**。

2. 虽然我嘴上没说，但心里**多少有那么点儿生气**。

3. 这是我喜欢的工作，但是工作一天下来，我**多少也有那么点儿累**。

4. 虽然是自己的孩子，可是孩子哭起来的时候，她**多少有那么点儿烦躁**。

用"多少有那么点儿……"回答问题。

1. 快看，那个女生好漂亮啊！

_____

2. 你是不是喜欢卡米拉？

_____

3. 你是不是对自己的五官不满意，想整容？

_____

4. 你最近总是闷闷不乐，是不是想家了？

_____

三、"就……而言"

"就……而言"相当于"从……方面来说"，"就"是介词，引出动作的对象或范围。

例：

1. **就**你现在的中文表达能力**而言**，完全可以翻译这篇文章。

2. **就**消费水平**而言**，北京和上海为全国最高。

3. **就**你现在的力量**而言**，你还搬不起来这块石头。

4. **就**我个人**而言**，我觉得这是一次非常好的提升个人能力的机会。

用"就……而言"回答问题。

1. 我现在可以参加"汉语桥"比赛吗？

_____

2. 你拼命加班是为了能多赚钱，在上海买房吗？

_____

3. 高考结束了，我正在想填报什么大学呢。

_____

4. 这两条裙子都很好，我该买哪一条呢？

_____

四、"非……不/不可"

"非……不/不可"表示"一定要/会……"。

例:

1. 我**非**她**不**娶。

2. 老师要是知道这件事,**非**气坏**不可**。

3. 他们两个人的关系已经到了**非**分手**不可**的地步。

4. 你看这个天阴得多厉害,今天**非**下雨**不可**。

（用"非……不/不可"回答问题。）

1. 你尝尝,这个鲜肉月饼虽然不是"沈大成"的,但是也挺好吃的。

_____

2. 天涯何处无芳草,何必单恋一枝花呢?

_____

3. 这都几点了?快去睡觉吧。

_____

4. 这个项目我们都可以做,为什么一定要小王去?

_____

课文一 会话实践

一、根据短文内容回答问题。

1. 你觉得什么是美?

2. 什么是"内在美"?

3. 哪些是美的加分项?

二、根据提示复述。

Ⓐ 常言道：＿＿＿＿＿＿，人皆有之。可是，什么是美？美在何处？对于这样的问题，不同的人有不同的理解和认识，＿＿＿＿＿＿，智者见智。＿＿＿＿＿＿丽质是幸运的，但这种幸运无法＿＿＿＿＿＿，它＿＿＿＿＿＿只会＿＿＿＿＿＿到少数人身上。因此，普通人能做的便是＿＿＿＿＿＿地＿＿＿＿＿＿自己的＿＿＿＿＿＿美，它同样会使人＿＿＿＿＿＿夺目。记住俄国文豪契诃夫的名言吧："美不应当只美在天然上，还应该美在＿＿＿＿＿＿上。"

＿＿＿＿＿＿，审美观一直在发生着变化，每个＿＿＿＿＿＿都不相同。如今，随着全民健身口号的提出，越来越多的人愿意在＿＿＿＿＿＿上花费更多的时间。而＿＿＿＿＿＿的身体和＿＿＿＿＿＿的身材也成为了美的＿＿＿＿＿＿。

Ⓑ 常言道：……，……。可是，什么是美？……？对于这样的问题，……，……，……。天生丽质是幸运的，但……，它必然……。因此，普通人能做的便是……，它同样会使人光彩夺目。记住俄国文豪契诃夫的名言吧："美……，……。"

从古至今，……，每个时代都不相同。如今，随着……，越来越多的人……。……美的加分项。

三、讨论。

你更看重另一半的内在美还是外在美？为什么？请说出至少五个理由。

1	
2	
3	
4	
5	

课文二 会话实践

一、根据对话内容回答问题。

1. 谁觉得那个欧巴帅？

2. 卡米拉觉得什么样的男生比较帅？

3. 林达喜欢什么类型的男生？

4. 孙伟是哪种类型的男生？

二、情景再现。

分角色，有感情地朗读对话，注意语音、语调及不同人物的语气。

1. 你们看，操场上的那个欧巴帅不帅？

2. 这也叫帅？你品位真独特。算了，你说帅就帅吧。

3. 浓眉大眼，多少还是有那么点儿英俊的吧！

4. 比如我家孙伟就男人味儿十足，所以他是我的"菜"。

5. 你那叫"情人眼里出西施"！

三、根据提示复述。

Ⓐ 三人一组，根据提示复述课文。

卡米拉

○ 你们看，操场上的那个欧巴帅不帅？那么高，是_____吧？

○ _____大眼，多少还是有那么点儿_____的吧！那你们觉得什么样的男生才_____帅呢？

○ _____吧。你说过，你喜欢你男朋友就是因为他五官长得好。

○ 你那叫"_____出西施"！

林达

○ 这也叫帅？你品位真_____。算了，你说帅就帅吧。

○ _____得高大，有肌肉，小麦肤色，看起来_____和健康。_____不重要，不过我更欣赏单眼皮的男生。

○ 嘿，五官长得好也加分哪。

罗莎

○ 双眼皮、大眼睛、高鼻梁、V字脸、白皮肤……对于他的"帅"，我持_____意见。

○ 就我而言，_____觉得_____美更持久，更能_____我。在我眼里，_____、_____、浪漫、_____、_____的男人最有男人味儿。比如我家孙伟就男人味儿十足，所以他是我的"菜"。

○ 我下_____了，_____。

Ⓑ

　　卡米拉、林达、罗莎在……，远处有一位男生。卡米拉觉得他很帅，猜想他那么高，……。林达说她……。罗莎对……，持……。

　　卡米拉觉得……，多少还是有……！之后，卡米拉问大家……？林达说，高大，有肌肉，小麦肤色，……。五官不重要，不过她更欣赏……。可是卡米拉觉得不见得，因为林达喜欢她男朋友就是……。林达说……。

　　就罗莎而言，她反而……，更能打动她。在她眼里，……。比如她家孙伟……，所以孙伟是……。她还说……，……。

　　卡米拉说，那叫"……"！

四、活学活用。

两三人一组，模仿对话，说说你的男/女朋友（或你理想的男/女朋友）的外貌、身材、性格，为什么喜欢他/她，以及他/她的哪些地方打动了你。

练 习

一、模仿例子，扩展下列词语。

必然	必然会失去朋友 → 他这样，必然会失去朋友。→ 他对人这样傲慢无礼，必然会失去朋友。
预料	
幸运	
独特	
打动	
决心	

二、用下列生词和语言点，谈谈现在的人们愿意花钱去健身房买私教课或花高价整容的原因。

生词　天生、降临、塑造、审美、五官、反而、心灵

语言点　非……不可，就……而言

三、讨论。

你有没有对自己身体的哪个部位不满意？如果你有一笔钱，你是否愿意通过整容来对自己不满意的部位进行改造？为什么？

拓　展

辩论：内在美重要还是外在美重要？谈谈你的观点并说出至少五个理由，然后全班可分两队，进行辩论。

我的观点	
我的理由	1.
	2.
	3.
	4.
	5.

文化拓展

一、小组活动。

1. 说说下列成语，并区分它们哪些形容女性，哪些形容男性。

沉鱼落雁、闭月羞花、玉树临风、温文尔雅、楚楚动人、一表人才、如花似玉、高大威猛

女：＿＿＿＿＿＿、＿＿＿＿＿＿、＿＿＿＿＿＿、＿＿＿＿＿＿

男：＿＿＿＿＿＿、＿＿＿＿＿＿、＿＿＿＿＿＿、＿＿＿＿＿＿

2. 各小组挑选一个成语或者句子，查一查它们的意思，并用讲故事的形式向全班说一说。

沉鱼落雁、闭月羞花、玉树临风、温文尔雅

楚楚动人、一表人才、如花似玉、高大威猛

窈窕淑女，君子好逑。
（yǎotiǎo）（hǎoqiú）

回眸一笑百媚生。
（móu）

众里寻他千百度，蓦然回首，那人却在灯火阑珊处。
（lánshān）

二、学一学，唱一唱。

每天起床第一句，先给自己打个气；

每次多吃一粒米，都要说声对不起；

魔镜魔镜看看我，我的锁骨在哪里；

美丽，我要美丽，我要变成万人迷；

为了变成小蛮腰，天天提着一口气；

为了穿上比基尼，吃草吃成沙拉精；

天生丽质难自弃，可惜吃啥我都不腻；

努力，我要努力，我要变成万人迷。

卡路里，我的天敌！

燃烧我的卡路里！

——《卡路里》

10 养生之道

1. 关心、建议
2. 谈谈如何合理膳食
3. 谈谈养生之道

热身准备

1. 你认为年轻人需要注意自己的生活习惯吗？

   □ 完全没有必要　　　□ 适当注意一下　　　□ 很重要

2. 你认为年轻人养成好的生活习惯的目的是什么？

   □ 增强体质，预防疾病　　　　　□ 延长寿命　　　□ 自我安慰

   其他＿＿＿＿＿＿＿＿＿＿＿＿＿＿＿＿

3. 你对养生了解吗？

   □ 完全不了解　　　□ 知道一点　　　□ 很了解

4. 你觉得晚上几点以后睡觉算熬夜？

   □ 11:00以后　　　□ 12:00以后　　　□ 凌晨1:00以后　　　□ 凌晨2:00以后

5. 你熬夜吗？

   □ 从不　　　□ 偶尔　　　□ 经常

6. 你每天按时、按顿吃饭吗？

   □ 会　　　□ 不会　　　□ 有时会

7. 你每天都吃新鲜的水果吗？

   □ 吃　　　□ 想起来的时候吃　　　□ 不吃

8. 你认为哪些是好的生活习惯？

   □ 玩手机　　　□ 用热水泡脚　　　□ 早睡早起　　　□ 只吃早、午饭，不吃晚饭

9. 找一找，连一连。

大米　小米　绿豆　莲藕　白萝卜　西蓝花　梨　菠菜　芹菜　酸奶　红枣　桂圆

课文一　短文 🎧

　　中国大部分地区四季的特点都是春温、夏热、秋凉、冬寒。因此，为了养生，中国人会依据气温和人体的变化，采取合理的饮食方案。

　　春季，气温由寒转暖，在饮食上应多食用绿叶菜，如菠菜、芹菜等，补充人体维生素的不足；主食可多选用大米、小米等；而羊肉、牛肉、鸡肉等肉类不宜过多食用。

　　夏季，气候炎热潮湿，饮食应清淡可口，可多选择鱼类、豆制品、酸奶等食物，以补充蛋白质。同时，可多食用绿豆粥。

　　秋季，秋高气爽，气温由热转凉，空气干燥，多吃当季蔬菜、水果最好不过了，如莲藕、白萝卜、西蓝花、梨等。同时，应注意不要多吃生冷的食物。

　　冬季，气候寒冷，膳食应有充足的能量，以抵御严寒。冬季是进补的佳季，可多吃些牛肉、羊肉、红枣、桂圆等滋补的食物。冬季进补有利于营养物质的吸收和生效。冬天好好进补，第二年就不容易生病。

1.	地区	dìqū	名 (n.)	area, district	同一~，高山~
2.	依据	yījù	动 (v.)	to listen to, to comply with	~法律，~情况
3.	采取	cǎiqǔ	动 (v.)	to adopt, to take	~行动，~主动
4.	维生素	wéishēngsù	名 (n.)	vitamin	缺乏~，补充~
5.	不足	bùzú	形 (adj.)	deficient	先天~，估计~
6.	炎热	yánrè	形 (adj.)	scorching, (very) hot	天气~，非常~
7.	潮湿	cháoshī	形 (adj.)	humid, moist, wet	空气~，地面~
8.	可口	kěkǒu	形 (adj.)	tasty, delicious	美味~，~的菜肴
9.	蛋白质	dànbáizhì	名 (n.)	protein	补充~，动物~
10.	粥	zhōu	名 (n.)	porridge	喝~，皮蛋瘦肉~
11.	当季	dāngjì	名 (n.)	current season	新鲜~，~水果
12.	充足	chōngzú	形 (adj.)	enough, adequate	光线~，经费~
13.	能量	néngliàng	名 (n.)	energy	~消耗，补充~
14.	抵御	dǐyù	动 (v.)	to withstand	~寒冷
15.	严寒	yánhán	形 (adj.)	freezingly cold, extremely cold	天气~，~地区
16.	进补	jìnbǔ	动 (v.)	to take extra nourishment	好好~
17.	有利于	yǒulì yú		to be good for	~健康
18.	物质	wùzhì	名 (n.)	material	营养~，~生活，~奖励
19.	吸收	xīshōu	动 (v.)	to absorb, to assimilate	~营养，~意见

课文二 对话 🎧

（卡米拉去李老师的办公室交作业，看见李老师的茶杯里泡了生姜……）

卡米拉：李老师早，您杯子里泡的是什么茶啊？看起来很奇怪。

李　东：生姜茶。我的被子太薄了，昨晚睡觉有点儿着凉了。

卡米拉：老师，您都打喷嚏了，是感冒了吗？光喝茶靠得住吗？还是吃药吧。

李　东：小感冒，不要紧。你可别小看这生姜茶的功效，如果是因受寒而引起的感冒，那么喝它肯定能得到缓解。中国人还是很相信食疗的。

卡米拉：所谓食疗的本质就是用食物代替药品吧？中国人好像还有"日食三枣，青春不老"的说法，我没说错吧？

李　东：你知道的还真不少！看来啊，你连中国养生文化小常识都知道了。

卡米拉：您忘啦，我有一个中国语伴啊，他总给我讲一些养生之道。今天我还打算买一些枸杞寄给我外公和舅舅呢。

李　东：宁夏、新疆当地的枸杞最好，买的时候要注意产地。另外，我得提醒你，养生可不等于治病。养生归养生，生病了还是要立刻去医院。

20.	被子	bèizi	名 (n.)	quilt	盖～，鸭绒～
21.	薄	báo	形 (adj.)	thin	～饼，纸很～
22.	着凉	zháoliáng	动 (v.)	to catch cold	当心～
23.	打喷嚏	dǎ pēntì			to sneeze	
24.	不要紧	búyàojǐn	形 (adj.)	nothing serious, it doesn't matter	这病～
25.	功效	gōngxiào	名 (n.)	efficiency, effect	立见～，～显著，最大～
26.	本质	běnzhì	名 (n.)	nature, essence	～差别，～方面
27.	代替	dàitì	动 (v.)	to replace, to substitute for	～他人
28.	常识	chángshí	名 (n.)	common sense	安全～，缺乏～，了解～
29.	外公	wàigōng	名 (n.)	grandfather	
30.	舅舅	jiùjiu	名 (n.)	uncle (mother's brother)	
31.	当地	dāngdì	名 (n.)	local	～时间，～风俗
32.	立刻	lìkè	副 (adv.)	immediately	～离开，～出发

语言点讲练

一、"最（再）+adj.+不过"

"最（再）+adj.+不过"用来描述某种状态的最高程度。

例：

1. 这样的解释**再清楚**不过了。

2. 你考了100分，妈妈**再高兴**不过了。

3. 让他做这个工作**再合适**不过了。

4. 如果你也去，就**再好**不过了。

用"最（再）+adj.+不过"完成句子。

1. 能娶到这么好的老婆，_____。

2. 您抽到了一等奖，_____。

3. 黄山的云海、奇石_____。

4. 用枸杞泡茶，_____。

二、"靠得/不住"

"靠得住"用来描述某事可靠，值得相信。"靠不住"是其否定形式。

例：

1. 这种理论还不成熟，恐怕**靠不住**。

2. 他那个人，我敢说肯定**靠得住**。

3. 报纸上的消息就一定**靠得住**吗？我看不一定。

用"靠得/不住"回答问题。

1. 我到底能不能相信他说的话啊？

   _____

2. 中医养生靠得住吗？

   _____

3. 这个消息是我在微博上看到的。

   _____

三、"X归X，Y"

"X归X，Y"表示"X"是一回事儿，"Y"是另外一回事儿，"Y"不受"X"的影响。有时"Y"的前面可以加"一""但""却"等表转折的词。

例：

1. **忙归忙**，朋友的生日会不能不参加。

2. **玩儿归玩儿**，但作业还是要按时完成。

3. **喜欢归喜欢**，但我从来没想过要和他结婚。

4. **生气归生气**，我们却还是好朋友。

用"X归X，Y"完成句子。

1. 忙　回家

   _____

2. 养生　医院

   _____

3. 哭　作业

   _____

4. 看　熬夜

   _____

课文一 会话实践

一、根据短文内容回答问题。

1. 中国人如何养生？
2. 春季在饮食上应注意什么？
3. 绿豆粥适合什么季节吃？
4. 秋季为什么不宜多吃生冷的食物？

二、根据提示复述。

Ⓐ 中国大部分＿＿＿＿＿＿＿四季的特点都是春温、夏热、秋凉、冬寒。因此，为了＿＿＿＿＿＿，中国人会＿＿＿＿＿＿气温和人体的变化，＿＿＿＿＿＿合理的饮食方案。

春季，气温由寒转暖，在饮食上应多食用绿叶菜，如菠菜、芹菜等，补充人体＿＿＿＿＿＿的不足；主食可多选用＿＿＿＿＿＿、小米等；而羊肉、牛肉、鸡肉等肉类不宜过多食用。

夏季，气候＿＿＿＿＿＿，饮食应清淡＿＿＿＿＿＿，可多选择鱼类、豆制品、酸奶等食物，以补充＿＿＿＿＿＿。同时，可多食用＿＿＿＿＿＿。

秋季，秋高气爽，气温由热转凉，空气干燥，多吃当季＿＿＿＿＿＿、水果最好不过了，如莲藕、白萝卜、西蓝花、梨等。同时，应注意不要多吃生冷的食物。

冬季，气候寒冷，膳食应有＿＿＿＿＿＿能量，以抵御＿＿＿＿＿＿。冬季是进补的佳季，可多吃些牛肉、羊肉、红枣、桂圆等滋补的食物。冬季进补＿＿＿＿＿＿于营养＿＿＿＿＿＿和生效。冬天好好＿＿＿＿＿＿，第二年就不容易生病。

Ⓑ
　　中国大部分区四季的特点都是……。因此，为了养生，中国人会……变化，采取……。

　　春季，气温……，在饮食上应多……，如菠菜、芹菜等，……。主食可多选用大米、小米等；而羊肉、牛肉、鸡肉等……。

　　夏季，气候……，饮食……，可多选择鱼类、豆制品、酸奶等食物，以补充……。同时，可多……。

　　秋季，……，气温……，多吃当季蔬菜、水果最好不过了，如莲藕、白萝卜、西蓝花、梨等。同时，应注意不要……。

　　冬季，……，膳食应有……，以……。冬季是……，可多吃些牛肉、羊肉、红枣、桂圆等滋补的食物。冬季进补有利于……和生效。

　　冬天好好进补，……。

三、讨论。

你知道一年四季如何养生吗？请查一查，说一说。

在你自己的国家，不同的季节，分别常食用哪些食物？

四、活学活用。

两人一组，谈谈家乡的时令蔬菜和水果。模仿课文一，向全班进行介绍。

（提示：不同的季节、不同的蔬果、起到什么作用……）

课文二 会话实践

一、根据对话内容回答问题。

1. 李老师为什么要喝生姜茶？
2. 生姜茶的功效是什么？
3. 找出课文里谈论食疗的句子。
4. 卡米拉为什么要买枸杞？

二、情景再现。

分角色，有感情地朗读对话，注意语音、语调及不同人物的语气。

1. 老师，您都打喷嚏了，是感冒了吗？光喝茶靠得住吗？

2. 小感冒，不要紧。

3. 你知道的还真不少！

4. 我得提醒你，养生可不等于治病。养生归养生，生病了还是要立刻去医院。

三、根据提示复述。

Ⓐ 两人一组，根据提示复述课文。

卡米拉

○ 李老师早，您杯子里_____是什么茶啊？看起来很_____。

○ 老师，您都_____了，是感冒了吗？光喝茶_____吗？还是吃药吧。

○ 所谓食疗的_____就是用食物_____药品吧？中国人好像还有"日食三枣，青春不老"的说法，我没说错吧？

○ 您忘啦，我有一个中国_____啊，他总给我讲一些养生之道。今天我还打算买一些_____寄给我_____和_____呢。

李东

○ 生姜茶。我的_____太_____了，昨晚睡觉有点儿_____了。

○ 小感冒，_____。你可别小看这生姜茶的_____，如果是因受寒而_____的感冒，那么喝它肯定能得到_____。中国人还是很相信食疗的。

○ 你知道的还真不少！看来啊，你连中国养生文化小_____都知道了。

○ 宁夏、新疆_____的枸杞最好，买的时候要注意_____。另外，我得_____你，养生可不等于治病。养生归养生，生病了还是要_____去医院。

Ⓑ

　　早上，李老师在杯子里……，看起来……。昨晚他的……，睡觉……，都……。卡米拉很好奇，光……？她觉得还是要吃药。李老师说是……，……。他还说，可别小看这……，如果说是……，那么喝它……，中国人还是……。卡米拉问李东所谓食疗的本质……？她听说过"……，……"的说法。李老师夸奖卡米拉，她连……都知道了。她说是因为她有……，总给她讲……。今天，卡米拉还打算买……。李老师告诉卡米拉，宁夏、新疆……，买的时候……。另外，李老师提醒她，……。……，生病了还是要立刻去医院。

四、讨论。

食疗的本质是用食物代替药品，例如"日食三枣，青春不老"。你觉得食疗好不好？在你的国家，有什么食疗的例子吗？

五、活学活用。

两人一组，模仿对话，说一说你觉得有趣的中国食物或食疗方法。
（例如：感冒喝生姜茶，上火喝绿豆汤，补钙喝骨头汤……）

练 习

一、模仿例子，扩展下列词语。

采取	采取行动 → 我们必须立刻采取行动。→ 如果已经知道了情况，我们必须立刻采取行动。
依据	
维生素	
潮湿	
着凉	
立刻	

二、用下列生词和语言点，谈谈你所知道的中国养生之道。

生词　依据、粥、蔬菜、水果、有利、功效、常识

语言点　最（再）+adj.+不过；靠得/不住；X归X，Y

三、讨论：你认为年轻人需要养生吗？

（提示：不熬夜、少玩手机、按时吃饭、坚持跑步或健身……）

拓　展

辩论：中医的养生和食疗方式好不好？谈谈你的观点并至少说出五个理由，然后全班可分两队，进行辩论。

我的观点	
我的理由	1.
	2.
	3.
	4.
	5.

文化拓展

一、朗读下列俗语，解释其含义，并挑选一句背诵。

1. 饭后走一走，活到九十九。
2. 一日俩苹果，毛病绕道过。
3. 晨吃三片姜，如喝人参(rénshēn)汤。
4. 早饭吃好，午饭吃饱，晚饭吃少。
5. 冬吃萝卜夏吃姜，不要先生开药方。
6. 笑一笑，十年少；愁一愁，白了头。

二、读一读，说说这段话的意思，评论它是否对你有所启发。

莫生气

人生就像一场戏，因为有缘才相聚。

相扶到老不容易，是否更该去珍惜。

为了小事发脾气，回头想想又何必。

别人生气我不气，气出毛病无人替。

我若气死谁如意，况且伤神又费力。

邻居朋友不要比，儿孙琐事由他去。

吃苦享乐在一起，神仙羡慕好伴侣。

——吴洪宾《莫生气》

11 逃离北上广

1. 程度、猜测
2. 谈谈逃离北上广
3. 谈谈现在年轻人的压力

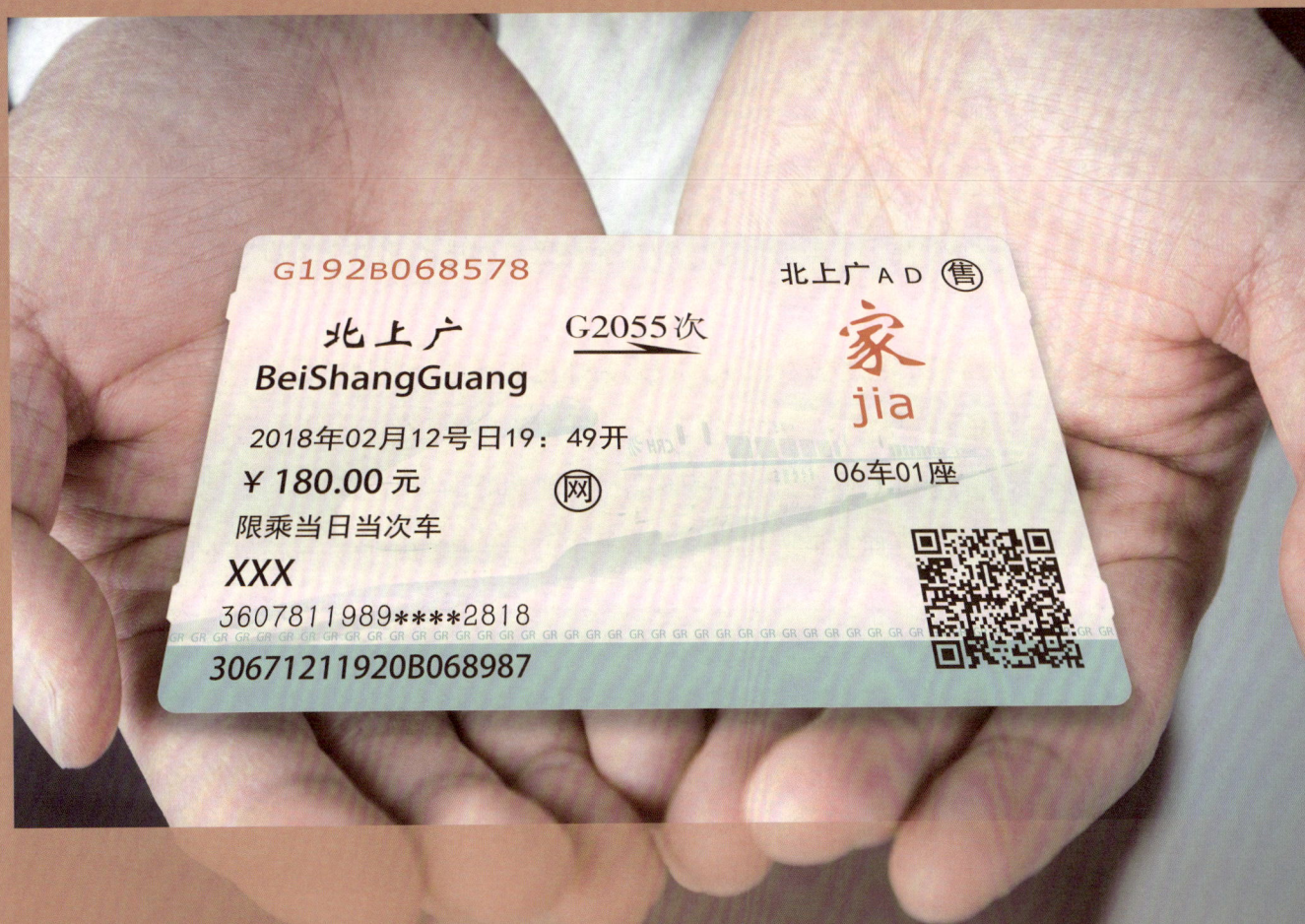

热身准备

一、读一读，并说一说你对这个故事的理解。

在一架飞机上，鹦鹉说："这次航班服务太差，我不坐了。"说完，它就打开飞机舱门，张开翅膀跳出去了。老鼠也站起来说："你说得太对了，我也不坐了。"于是，老鼠也跟着跳出去了。半空中鹦鹉对老鼠说："亲，你又不会飞，跟着我跳出来干什么？"

二、填一填。

1. 你觉得生活在哪种地方的幸福指数高？

☐ 一线大城市　　　　　☐ 二三线城市　　　　　☐ 环境很好的乡村

2. 毕业后，你会选择在一线大城市就业吗？

☐ 会　　　　　　　　　☐ 不会　　　　　　　　☐ 不确定

3. 你觉得现在的大学毕业生容易留在一线大城市吗？

☐ 很容易　　　　☐ 比较容易　　　　☐ 困难　　　　☐ 不知道

4. 你觉得毕业后选择在大城市还是小城市工作的依据是什么？

☐ 薪资待遇（salary）　☐ 家人意愿　　　☐ 自然环境　　　☐ 个人追求

课文一　短文 🎧

"逃离北上广"是最近几年中国出现的一种社会现象，即逃离北京、上海、广州这些一线大城市的行为。

曾经，刚毕业的大学生都愿意留在北上广，因为那里的确更公平、更公开、更公正、更包容，那里机会多、资源足、薪资高。大家在北上广拼激情、拼干劲儿、拼能力，人人充满斗志，相信一时的辛苦不要紧，只要努力付出就会得到自己想要的生活。然而，大城市的优质资源之外是各种无形的压力，再加上最近几年一线大城市的房价居高不下，生活成本持续增长，交通拥堵，空气污染，这些负面现象愈来愈严重，以至很多年轻人产生了逃离的想法，更愿意去二三线城市或者回老家，安安稳稳地过日子。

人生本来就像"围城"——城外的人想冲进去，城里的人想逃出来。事实上，每天有多少人嚷嚷着要逃离北上广，就有多少人想要冲进北上广。每个人都有去留的自由，但其中的利弊还需自己权衡。

1. 逃	táo	动 (v.)	to escape, to run away	~离，~走，~跑
2. 曾经	céngjīng	副 (adv.)	once, in the past	
3. 公平	gōngpíng	形 (adj.)	fair, just	~竞争，~交易
4. 公开	gōngkāi	形 (adj.)	open, public, overt	~招聘，~道歉，~课
5. 公正	gōngzhèng	形 (adj.)	impartial, righteous	~诚实，~解决
6. 资源	zīyuán	名 (n.)	resource	~丰富，水~，网络~
7. 激情	jīqíng	名 (n.)	passion	燃起~，满怀~
8. 持续	chíxù	动 (v.)	to continue, to sustain	~不断，~增长
9. 安安稳稳	ānānwěnwěn	形 (adj.)	smooth and steady	生活~，睡得~
10. 日子	rìzi	名 (n.)	day, life, livelihood	过~，好~
11. 嚷嚷	rāngrang	动 (v.)	to make a noise, to shout	冲别人~，瞎~
12. 自由	zìyóu	名 (n.)	freedom, liberty	来去~，~选择
13. 利弊	lìbì	名 (n.)	pros and cons	权衡~，各有~
14. 权衡	quánhéng	动 (v.)	to weigh, to balance	~得失

注　释

围城 (wéichéng)：《围城》是中国现代著名作家钱钟书的一部长篇小说。《围城》的主题是"围在城里的人想逃出来，城外的人想冲进去。对婚姻也罢，职业也罢。人生的愿望大都如此。"

课文二　对话 🎧

（在室外咖啡店，卡米拉和白雪正在聊天，白雪紧皱眉毛，若有所思……）

卡米拉：白雪，你遇到不顺心的事了？

白　雪：别提了，我正苦恼着呢。我和张东考虑未来在哪儿发展比较好。

卡米拉：当然是大城市啦，留在大城市意味着就业机会多，工资待遇高，前途一片光明。更重要的是，还有机会可以创业，高帅不就在创业吗？

白　雪：回家乡也有回家乡的好处，有归属感，家人、朋友通通都在身边。我主张回老家，盼望着过平淡的生活。不像在大城市，你得承受巨大的压力。

卡米拉：这都什么年代了！在大城市与优秀的人才打交道会让你成长得更快。大城市的高压就是要告诉你，如果你不努力，很快就会被淘汰。在这种环境下，你才能够不断地激励自己向上奋斗。

白　雪：那也未必，虽然小城市各方面基础都还相对薄弱，但发展后劲更足啊，那里更加需要人才，竞争也同样激烈。只要你有梦想，发展得不一定比大城市差。

卡米拉：莫非你已经有自己的答案了？

16. 未来	wèilái	名 (n.)	future	展望～，光明的～
17. 工资	gōngzī	名 (n.)	salary	发～，高～
18. 待遇	dàiyù	名 (n.)	remuneration, pay, treatment	工资～，优厚的～
19. 前途	qiántú	名 (n.)	prospect, future	大有～，～乐观
20. 光明	guāngmíng	形 (adj.)	bright, promising	前途～，前景～
21. 主张	zhǔzhāng	动 (v.)	to advocate, to propose	～和平

22.	盼望	pànwàng	动 (v.)	to hope for, to long for	急切~，~成功，~回家
23.	承受	chéngshòu	动 (v.)	to bear, to endure	~压力，~考验
24.	巨大	jùdà	形 (adj.)	huge, enormous	耗费~
25.	年代	niándài	名 (n.)	age, years, a decade of a century	~久远
26.	激励	jīlì	动 (v.)	to encourage, to inspire	~学生，~一番
27.	相对	xiāngduì	形 (adj.)	relative, comparative	~稳定，~优势
28.	薄弱	bóruò	形 (adj.)	weak, frail	意志~，技术~
29.	梦想	mèngxiǎng	名 (n.)	dream	实现~，拥有~

语言点讲练

一、"一时（的）"

"一时"表示短时间内，暂时，眼前的情况。"一时的"后面接名词；"一时"后面直接跟动词。

例：

"一时的+n."

1. 一时的辛苦可以换来以后的幸福。

2. 这是一时的困难，一切都会慢慢好起来的。

3. 一时的成功，并不代表从今以后都不必再努力。

"一时+v."

1. 我是一时疏忽了。

2. 我一时不知道怎么办才好。

3. 听了父亲的话，我一时目瞪口呆，不知道该说什么了。

4. 他突然碰见自己喜欢的人，一时说不出话来。

用"一时（的）"造句。

1. _____

2. _____

3. _____

4. _____

二、"以至（于）"

"以至（于）"是连词，用于后一个分句的开头，强调由于上文的情况达到一定程度而产生的结果。

例：

1. 城市发展得十分迅速，**以至（于）**让很多人感到惊讶。

2. 这件事情太出人意料了，**以至（于）**我一时不知说什么好。

3. 她看书看得那么专心，**以至（于）**我都不敢走过去打扰她。

4. 这几天天气忽冷忽热，**以至（于）**很多留学生都感冒了。

用"以至（于）"完成句子。

1. 快月底了，公司还没有给我发工资，＿＿＿＿＿＿＿＿＿＿＿＿＿＿。

2. 网上假的新闻太多了，＿＿＿＿＿＿＿＿＿＿＿＿＿＿＿。

3. 人工智能快速发展，＿＿＿＿＿＿＿＿＿＿＿＿＿＿＿。

4. 见到家人，她太开心了，＿＿＿＿＿＿＿＿＿＿＿＿＿。

三、"意味着"

"意味着"表示含有某种意义。

例：

1. 他这么说**意味着**不想参加。

2. 送玫瑰花**意味着**表达爱情。

3. 有人认为，成功就**意味着**拥有金钱。

4. 破釜沉舟**意味着**你必须获得成功——除了成功，别无选择。

用"意味着"完成下列句子。

1. 竞争＿＿＿＿＿＿＿＿＿＿＿＿＿＿＿＿＿＿＿。

2. 许多父母认为，考不上大学＿＿＿＿＿＿＿＿＿＿＿＿＿＿。

3. 失败并不＿＿＿＿＿＿＿＿＿＿＿＿＿，它只＿＿＿＿＿＿＿＿＿＿＿。

四、"莫非"

"莫非"用于问句，表示猜测或反问。

例：

1. 他今天没来上课，**莫非**又病了？

2. 今天怎么这么冷，**莫非**要下雪？

3. 你说这样的话，莫非连我也不相信？

4. 你怎么只对她那么温柔，莫非你喜欢她？

（用"莫非"完成下列句子。）

1. 都十点了，他还没到公司，_____？（忘记）

2. 你为什么不想呆在上海了？_____？（父母）

3. 你怎么一脸的不高兴啊，_____？（考试）

4. _____？所以我才获得了奖学金。（放弃）

课文一　会话实践

一、根据短文内容回答问题。

1. "逃离北上广"是什么意思？

2. 留在大城市发展的好处是什么？

3. 为什么越来越多的年轻人产生了"逃离北上广"的想法？

4. 在一线城市的年轻人的压力主要是什么？

二、根据提示复述。

Ⓐ　"逃离北上广"，是最近几年中国出现的一种_____，即_____北京、上海、广州这些一线大城市的行为。

_____，刚毕业的大学生都愿意留在北上广，因为那里的确更_____、更_____、更_____、更_____，那里_____多、_____足、_____高。大家在北上广拼_____、拼_____，拼_____，人人_____斗志，相信_____辛苦不要紧，只要努力付出就会得到自己想要的生活。然而，大城市的优质资源之外是各种无形的压力，再加上最近几年一线大城市的房价居高不下，生活成本_____增长，交通_____，空气_____，这些负面现象_____严重，以至很多年轻人产生了逃离的想法，_____去二三线城市或者回老家，安安稳稳地过_____。

　　人生本来就像"＿＿＿＿＿"——城外的人想冲进去，城里的人想逃出来。事实上，每天有多少人＿＿＿＿＿着要逃离北上广，就有多少人想要冲进北上广。每个人都有去留的＿＿＿＿＿，但其中的＿＿＿＿＿还需自己＿＿＿＿＿。

Ⓑ

　　……是最近几年中国出现的……，即逃离北京、上海、广州……。

　　……，……都愿意留在北上广，因为那里的确……，那里……。大家在北上广……，人人充满斗志，相信……，……想要的生活。然而，大城市的优质资源……，再加上最近几年一线大城市的房价居高不下，……，交通拥堵，空气污染，这些负面现象……，以至……，更愿意……，……地过日子。

　　人生本来就像"围城"——……，……。事实上，每天有多少人……，就有……。每个人……，但其中的……。

谈谈你对大城市的看法。每人至少说出五种看法并写下来。
（提示：机遇多、薪资高、平台广、富有挑战性、开销大、压力大……）

1	
2	
3	
4	
5	

四、活学活用。

两人一组进行对话，谈谈生活中还有哪些"围城"，使得城外的人想冲进去，城里的人想逃出来？

（例如：婚姻、职场……）

课文二　会话实践

一、根据对话内容回答问题。

1. 白雪遇到什么不顺心的事了？
2. 白雪为什么主张回老家？
3. 卡米拉的观点是什么？
4. 白雪是不是已经有了自己的答案？

二、情景再现。

分角色，有感情地朗读对话，注意语音、语调及不同人物的语气。

1. 你遇到不顺心的事了？
2. 别提了，我正苦恼着呢。
3. 这都什么年代了！
4. 那也未必。
5. 莫非你已经有自己的答案了？

三、根据提示复述。

Ⓐ 两人一组，根据提示复述课文。

卡米拉

○ 白雪，你遇到_____的事了？

○ 当然是大城市啦，留在大城市意味着_____机会多，工资_____高，_____一片_____。更重要的是，还有机会可以_____，高帅不就在_____吗？

○ 这都什么_____了！在大城市与_____的人才打交道会让你成长得更快。大城市的_____就是要告诉你，如果你不努力，很快就会被_____。在这种环境下，你才能够不断地_____自己向上奋斗。

○ _____你已经有自己的答案了？

白雪

○ 别提了，我正苦恼着呢。我和张东考虑_____在哪儿_____比较好。

○ 回家乡也有回家乡的好处，有_____，家人、朋友通通都在身边。我_____回老家，_____过平淡的生活。不像在大城市，你得_____巨大的压力。

○ 那也_____，虽然小城市各方面_____都还相对_____，但发展后劲更足啊，那里更加需要_____，竞争也同样_____。只要你有_____，发展得不一定比大城市差。

B

白雪好像……，正……。她和张东考虑……。

卡米拉觉得当然留在大城市，因为大城市意味着……，……，……。更重要的是，……，……？

白雪却说回家乡也有回家乡的好处，……，……都在身边。她主张……，……。不像……，……。

卡米拉说，……！在大城市与优秀的人……。大城市的高压就是要告诉你，如果……，很快……。在这种环境下，……。

白雪觉得……，虽然小城市……，但……，那里……，……。只要……，发展得不一定比大城市差。

四、讨论。

谈谈你对小城市的看法。每人至少说出五种看法并写下来。

（提示：开销较小、压力小、生活节奏慢、熟人多、发展后劲足……）

1	
2	
3	
4	
5	

五、活学活用。

两人一组，模仿课文，进行对话，对话内容为A劝B毕业以后去小城市工作和生活。

练习

一、模仿例子，扩展下列词语。

逃	逃跑 → 突然逃跑了。→ 小鹿好像感觉到什么，突然逃跑了。
激情	
持续	
自由	
未来	
前途	

二、运用下列生词和语言点，谈谈为什么大城市就像"围城"，有的人想进围城，有的人想逃离。

生词　资源、利弊、前途、承受、巨大、激励

语言点　意味着，一时，以至（于）

三、讨论。

"宁要大城一张床，不要小城一间房。"请大家自由发挥，谈谈对这句话的看法。如果是你，会不会这么选择？为什么？

拓　展

一、辩论。

放弃家乡稳定的工作，趁年轻去大城市拼个未知的未来，到底值不值？谈谈你的观点并至少说出五个理由，全班可分两队，进行辩论。

（提示：生活、朋友、家庭、工作……）

我的观点	
我的理由	1.
	2.
	3.
	4.
	5.

二、填一填，经过本课的学习，你的观点有没有发生改变？

1. 更喜欢在哪种地方生活？

□ 一线大城市　　　□ 二三线城市　　　□ 四五线小城市　　　□ 环境很好的乡村

2. 毕业以后更想去哪里工作？

□ 正值青春，去一线城市打拼

□ 我是独生子女，希望留在父母身边，陪伴他们

□ 无所谓，去哪里都可以

3. 你支持"大城床"还是"小城房"？

□ 支持"大城床"，大城市发展空间大（转4）

□ 支持"小城房"，喜欢安逸生活（转5）

4. 选择"大城床"的原因是什么？

□ 就业机会多，待遇好

□ 医疗、教育、文化等基础设施完备

□ 家庭因素（听从父母的意愿）

□ 个人优越感

其他＿＿＿＿＿＿＿＿＿＿＿＿＿＿＿＿＿＿＿＿＿＿＿

5. 选择"小城房"的原因是什么？

□ 个人就业及创业竞争小

□ 生活压力小，生活节奏慢

□ 家庭因素（听从父母的意愿）

□ 环境好，污染少

其他＿＿＿＿＿＿＿＿＿＿＿＿＿＿＿＿＿＿＿＿＿＿＿

6. 你决定去哪里生活会不会受到朋友的影响？

□ 会，朋友圈很重要

□ 不会，只遵从内心的想法

文化拓展

一、选出最符合图意的诗句，并挑选一幅图，用自己的语言说说如何理解。

羁(jī)鸟恋旧林，

池鱼思故渊(yuān)。

久在樊笼(fánlóng)里，

复得返自然。

——陶渊明《归园田居》

二、读一读，说说你对下列诗句的理解。

1. 在家千日好，出门一时难。（谚语）
2. 未老莫还乡，还乡须断肠。（韦庄）
3. 一失足成千古恨，再回头是百年人。（杨仪）
4. 少壮不努力，老大徒伤悲。（汉乐府）
5. 男儿立志出乡关，学不成名誓不还。（毛泽东）
6. 春风又绿江南岸，明月何时照我还。（王安石）

12 餐桌文化

1. 否定、强调
2. 谈谈中国的餐桌礼仪
3. 说说餐桌礼仪的重要性

热身准备

下列中国的餐桌礼仪，你知道哪些？请谈一谈你的理解。

☐ 应该等长者、女士和客人坐定后，方可入坐。

☐ 入坐姿势要端正，脚应踏在本人座位下，不可任意伸直，不得将手放在邻座椅背上。

☐ 用餐时筷子不可以敲打餐具。

☐ 在餐桌上要关心别人，尤其要招呼两侧女宾。

☐ 口内有食物时，应避免说话。

☐ 取菜舀^{yǎo}汤，应使用公筷公勺。

☐ 吃进口的东西，如果不喜欢吃不可以随意吐出来。

☐ 有人夹菜时，不可以转动桌上的转盘。

☐ 剔^{tì}牙应用牙签，并以手或纸巾遮掩。

课文一 短文 🎧

　　中国是礼仪之邦，宴会上座次很重要。座次有两个原则：一是"面朝大门为尊"，二是"尚左尊东"。圆桌上，正对大门的为主座，主座两侧，越靠近主座的位置越重要；相同距离时，则主座的左侧尊于右侧。宴会开始前，主人会再三邀请大家入座，客人则会互相礼让推辞。

　　上菜时，主人会热情地招呼大家吃菜，"请！请慢用！"主人还常会对客人说"慢慢吃""多吃点儿"等以示礼貌。主人也会用公筷给客人夹菜，把客人的盘子堆得满满的。中餐桌上比较热闹，很多人喜欢劝酒、劝菜，大家可以高声谈笑。中国北方人尤其喜欢劝酒，总是千方百计劝客人多喝一点儿，以表示主人热情好客、待人周到。南方人则要随意很多，不太劝酒。如今，出于健康考虑，劝酒的人越来越少了。

　　先吃完的人应该对其他人说："我吃好了，大家慢慢吃。"而主人多半是最后一个吃完的，他必须全程陪着客人。

1. 邦	bāng	名（n.）	nation, country	
2. 宴会	yànhuì	名（n.）	banquet, feast, dinner party	参加～，欢迎～
3. 座次	zuòcì	名（n.）	order of seats, seating arrangements	排～，～表

4.	正对	zhèngduì	副（adv.）	directly facing, over against	～大门
5.	主人	zhǔrén	名（n.）	host, hostess, owner	女～，房屋～
6.	再三	zàisān	副（adv.）	over and over again, time and again	～要求，考虑～
7.	推辞	tuīcí	动（v.）	to decline (an appointment, invitation, etc.)	故意～，～再三
8.	热情	rèqíng	名（n.）	enthusiasm, passion	工作～，～洋溢
9.	公筷	gōngkuài	名（n.）	serving chopsticks	使用～
10.	夹菜	jiácài	动（v.）	to get food with chopsticks	
11.	千方百计	qiānfāng-bǎijì		do one's utmost to, make every attempt to	
12.	好客	hàokè	形（adj.）	hospitable	特别～，热情～
13.	周到	zhōudào	形（adj.）	thoughtful, considerate	考虑～，服务～

课文二 对话 🎧

（教室外的走廊，李东刚下课，拿着书和卡米拉聊天……）

李　东：卡米拉，我听说学院领导邀请你，作为留学生代表出席孔子学院的欢迎宴会，怎么样啊？

卡米拉：老师，太惭愧了，在宴会上我傻里傻气地闹了个笑话。

李　东：是吗？是因为不懂中国的餐桌礼仪而闹笑话了吧！

卡米拉：可不是嘛！宴会上我临时选了一个正对着门、最里面的位置坐下。我想或许这样就不会挡住别人入座了。嘉宾陆续入座时，相互礼让，然后忽然都看着我，让我有点慌张。

李　东：当时的情景很尴尬吧！

卡米拉：多亏学院院长对我微笑了一下，还叫我"慢慢吃"，丝毫没有责备我的意思。

李　东：后来呢？

卡米拉：我就天真地慢慢吃了，最后发现大家都在等我。宴会结束以后，办公室的老师告诉我，我坐了主座，还强调说"慢慢吃"是一句客套话，并不是真的让我"慢慢吃"。

李　东：没关系，不知者不怪嘛，下次就知道了。

卡米拉：我知道您在安慰我，但还是谢谢您。

14.	领导	lǐngdǎo	名（n.）	leader, leadership	国家~，学院~，公司~
15.	代表	dàibiǎo	名（n.）	representative	学生~，老师~
16.	出席	chūxí	动（v.）	to be present, to attend	~宴会，~开幕式，正式~
17.	惭愧	cánkuì	形（adj.）	ashamed	感到~，十分~
18.	傻	shǎ	形（adj.）	silly, stupid	~呼呼，~里~气
19.	临时	línshí	形（adj.）	temporary	~决定，~抱佛脚
20.	挡	dǎng	动（v.）	to block, to get in the way of	~住
21.	嘉宾	jiābīn	名（n.）	(distinguished) guest	~满座
22.	陆续	lùxù	副（adv.）	one after another, in succession	~到达
23.	忽然	hūrán	副（adv.）	suddenly, all of a sudden	~下雨了
24.	情景	qíngjǐng	名（n.）	scene, situation	感人的~，~对话
25.	多亏	duōkuī	动（v.）	to be lucky to	~他
26.	微笑	wēixiào	动（v.）	to smile	~服务
27.	丝毫	sīháo	形（adj.）	(usu. in the negative) the slightest amount or degree, a bit	~不，~不变

28. 责备	zébèi	动（v.）	to blame, to reproach	受到～，～某人
29. 天真	tiānzhēn	形（adj.）	innocent, artless	～可爱，～的想法
30. 强调	qiángdiào	动（v.）	to emphasize, to underline	～说明，～意见
31. 安慰	ānwèi	动（v.）	to comfort, to console	～病人，多多～

语言点讲练

一、"再三"

"再三"是副词，表示一次又一次，常置于双音节动词前后。如"再三说起""再三强调""再三思考"等。

例：

1. 老师**再三强调**假期出行要注意安全。

2. 这个决定是经过**再三考虑**后做出的。

3. 经过老师**再三讲解**，大家终于明白了这首诗的含意。

4. 哥哥离开家去留学的时候，奶奶**嘱咐再三**，生怕他有个三长两短。

用"再三"造句。

1. _____（再三解释）

2. _____（再三提醒）

3. _____（再三拒绝）

4. _____（再三要求）

二、"尤其"

"尤其"表示特别（是），强调同类事物中需要凸显的那个。

例：

1. 在众多动物中，我觉得熊猫**尤其**可爱。

2. 卡米拉各门课成绩都很好，**尤其**综合课非常突出。

3. 黄山的风景美极了，**尤其**是那千变万化的云海。

4. 爷爷爱好书法，**尤其**擅长草书。

根据所给生词，用"尤其"造句。

1. 今晚的菜　黄瓜

_____

2. 家人　弟弟

_____

3. 学生　卡米拉

_____

4. 交朋友　年长

_____

三、"多半"

"多半"是副词，表示很可能、大概。

例：

1. 周末她多半在宿舍打扫卫生。
2. 已经这么晚了，他多半不会来了。
3. 这家餐厅都没什么人，多半是因为不好吃。
4. 爸爸回到家连饭都顾不上吃，倒头就睡，多半是工作得太累了。

用"多半"回答问题。

1. 她为什么不接我电话呢？

_____

2. 他已经出去一天了，怎么还不回来。

_____

3. 我找遍了家里，都没有找到我的护照。

_____

4. 小王已经连着一个星期没有来上课了。

_____

四、"丝毫"

"丝毫"表示极小或很少，常与否定副词"不""没有"连用，表示完全否定。

例：

1. 学习要持之以恒，不能有丝毫松懈。
2. 我对你的真情一如既往，丝毫没有改变。

3. 困难和挫折（frustration）**丝毫**动摇不了我们的决心。

4. 面对强大的对手，中国队**丝毫**没有胆怯。

用"丝毫"完成句子。

1. 面对各种谣言，他总是一笑了之，_____。（影响）

2. 他的学习热情_____。（减弱）

3. 维护飞机就是要非常小心，_____。（粗心）

4. 面对所有的反对，_____。（担心）

课文一　会话实践

一、根据短文内容回答问题。

1. 中国餐桌礼仪的座次原则是什么？

2. 相同距离时，左右两边哪边更尊贵？

3. 主人先入座还是客人先入座？

4. 主人会不会给客人夹菜？

二、根据提示复述。

Ⓐ　中国是_____，_____上_____很重要。座次有两个原则：一是"面朝大门为尊"，二是"尚左尊东"。圆桌上，_____大门的为主座，主座两侧，越靠近主座的_____越重要；相同_____时，则主座的左侧尊于右侧。宴会开始前，_____会_____邀请大家入座，客人则会互相_____。

上菜时，_____会热情地招呼大家吃菜，"请！请慢用！"主人还常会对客人说"慢慢吃""多吃点儿"等以示礼貌。主人也会用_____给客人夹菜，把客人的盘子堆得_____的。中餐桌上比较_____，很多人喜欢劝酒、劝菜，大家可以_____。中国北方人尤其喜欢_____，总是_____劝客人多喝一点儿，以表示主人热情_____、待人_____。南方人则要随意很多，不太劝酒。如今，出于健康考虑，劝酒的人_____。

先吃完的人应该对其他人说："我吃好了，大家慢慢吃。"而主人_____是最后一个吃完的，他必须全程_____客人。

B

　　中国是……，宴会上……。座次有两个原则：一是"……"，二是"……"。圆桌上，……，主座两侧，越靠近……；相同距离时，……。宴会开始前，……，客人则会……。

　　上菜时，主人……，"请！请慢用！"主人还常会对客人说"慢慢吃""多吃点儿"等……。主人也会……，把客人的盘子……。中餐桌上比较热闹，……，大家可以……。中国北方人……，总是……，以表示……。南方人则随意很多，……。如今，……，……。

　　先吃完的人应该对其他人说："……，……。"而主人……，他……。

三、讨论。

在你们国家，正式场合用餐时，座次重要不重要？该如何入座？请说一说，并画出来。
（图片说明：除了桌椅之外，还需画出房间的大致陈设和门所在的方向。）

四、活学活用。

相同国家的同学分为一组，模仿课文，用自己的话向班级同学介绍你们国家的餐桌礼仪。

课文二　会话实践

一、根据对话内容回答问题。

1. 学院领导邀请卡米拉出席什么宴会？
2. 卡米拉闹了个什么笑话？
3. 卡米拉被责备了吗？
4. "慢慢吃"是什么意思？

二、情景再现。

分角色，有感情地朗读对话，注意语音、语调及不同人物的语气。

1. 太惭愧了，在宴会上我傻里傻气地闹了个笑话。
2. 后来呢？
3. 没关系，不知者不怪嘛。下次就知道了。
4. 我知道您在安慰我，但还是谢谢您。

三、根据提示复述。

Ⓐ　两人一组，根据提示复述课文。

李东

○ 卡米拉，我听说学院____邀请你，作为留学生____出席孔子学院的____，怎么样啊？

○ 是吗？是因为不懂中国的餐桌____而闹笑话了吧！

○ 当时的____很尴尬吧！

○ 后来呢？

○ 没关系，不知者不怪嘛，下次就知道了。

卡米拉

○ 老师，太____了，在宴会上我____地闹了个笑话。

○ 可不是嘛！宴会上我____选了一个正对着门、最里面的位置坐下。我想或许这样就不会____别人入座了。____陆续入座时，相互礼让，然后____都看着我，让我有点____。

○ ____学院院长对我____了一下，还叫我"慢慢吃"，____没有____我的意思。

○ 我就____地慢慢吃了，最后发现大家都在等我。宴会结束以后，办公室的老师告诉我，我坐了主座，还____说"慢慢吃"是一句____，并不是真的让我"慢慢吃"。

○ 我知道您在____我，但还是谢谢您。

Ⓑ

听说学院领导邀请卡米拉……，李老师问她……？卡米拉在宴会上……，是因为不懂……。

宴会上，卡米拉临时……。她想或许这样……。嘉宾……，……，然后忽然都看着她，让……。当时的情景很尴尬！多亏……，还叫她"慢慢吃"，……。后来，卡米拉就天真地慢慢吃了，最后……。宴会结束以后，办公室的老师告诉她，她坐了主座，还强调说……，并不是……。

李老师安慰卡米拉没关系，……，……。

四、活学活用。

两人一组模仿对话，说说你们曾在餐桌上闹的笑话。

练 习

一、模仿例子，扩展下列词语。

主人	美丽的女主人 → 美丽的女主人在餐桌上摆满了菜。→ 美丽的女主人在餐桌上摆满了各式各样的菜。
再三	
周到	
代表	
惭愧	
多亏	

二、谈谈中国餐桌礼仪与你们国家餐桌礼仪的异同。

	中国	你们国家
相同点		
不同点		

三、讨论。

在家族聚会中，你认为怎样做更好，为什么？

1. 以长辈为先，重视餐桌礼仪。

2. 倡导自由平等，谁先到谁先吃。

3. 不过分注重礼节，愉快进餐，一起享受美味最重要。

拓　展

讨论：下列餐桌礼仪，在中国有什么具体的做法？和同学们一起讨论，并写下来，说说你赞同不赞同这样的做法。

礼仪	具体做法	赞同	不赞同
就坐			
离席			
餐具的使用			
敬酒			
夹菜			

文化拓展

学一学、说一说下列祝福语该在什么场景中使用？可选择其中一句，编一段对话。

生意兴隆，财源广进
恭喜发财，红包拿来
福如东海，寿比南山
万事如意，步步高升
心想事成，大吉大利
永结同心，百年好合

13 清明时节

1. 条件、询问
2. 谈谈清明节的传统习俗
3. 讨论各国祭祀节日的不同

热身准备

1. 认一认下列活动，并猜一猜其中哪些活动可能和清明节有关系。

□ 扫墓

□ 踏青

□ 荡秋千

□ 插柳

□ 放风筝

□ 植树

□ 吃青团

课文一 短文 🎧

　　"清明时节雨纷纷，路上行人欲断魂。"每年4月5日前后是中国的传统节日清明节，又叫"踏青节"。它是中华民族的一个古老节日，也是中国最重要的祭祀节日。

　　每到清明节的时候，在外工作的人们无论如何都会赶回家乡祭祖扫墓，追思先辈。祭祀逝去的亲人，既是对先辈的尊敬，也可以教育活着的人如何做人做事，如何孝敬父母，关爱老人。

　　清明节祭祖活动往往在郊外进行，此时正值春暖花开之际。因此，人们把扫墓和郊游结合起来，既能追思先人，又可以踏春赏花，亲近自然，享受春日风景，有益于身心健康。清明节既表达了我们对祖先的尊敬，也表达了对当下美好生活的感激之情。

　　如今，还有很多地方一直保留着清明节禁火、吃寒食的传统风俗。2006年，清明节被中国政府列入国家级非物质文化遗产名录。

1.	纷纷	fēnfēn	形（adj.）	numerous and confused, one after another	议论～，落叶～
2.	行人	xíngrén	名（n.）	pedestrian, foot traveller	～稀少
3.	踏青	tàqīng	动（v.）	to walk on the green grass, to go for a walk in spring	
4.	祭祀	jìsì	动（v.）	to offer sacrifices (to gods or ancestors)	
5.	祭祖	jìzǔ	动（v.）	to offer sacrifice to one's ancestors	
6.	追思	zhuīsī	动（v.）	to recall, to reminisce	～往事、～先人
7.	先辈	xiānbèi	名（n.）	elder generation, ancestors	
8.	逝去	shìqù	动（v.）	to pass away	～的青春
9.	孝敬	xiàojìng	动（v.）	to show filial respect for	～长辈，～公婆
10.	正值	zhèngzhí	副（adv.）	just when, just at the time of	～冬季，～毕业季
11.	春暖花开	chūnnuǎn-huākāi		Spring has come and flowers are in bloom.	
12.	之际	zhījì		at the time of	毕业～，新年伊始～
13.	郊游	jiāoyóu	名/动（n./v.）	outing; to go for an outing	去～；一起～
14.	风景	fēngjǐng	名（n.）	scenery, landscape	～区，～迷人
15.	有益于	yǒuyì yú	动（v.）	to be beneficial for, to be good for	～学习，～生活
16.	感激	gǎnjī	动（v.）	to appreciate, to be grateful to	～某人，～不尽

注　释

1. 清明时节雨纷纷，路上行人欲断魂（qīngmíng shíjié yǔ fēnfēn，lùshàng xíngrén yù duànhún）：江南清明时节细雨纷纷飘洒，路上羁旅行人个个落魄断魂，来自唐代杜牧的《清明》。

2. 禁火（jìnhuǒ）：古人在寒食节这一天家家户户禁止生火做饭，称为"禁火"。

3. 寒食（hánshí）：从清明前一天起，由于禁火，人们必须准备足够的熟食以冷食度日，故而得名"寒食节"。

4. 非物质文化遗产（fēiwùzhì wénhuàyíchǎn）：指被各群体、团体或者个人所视为其文化遗产的各种实践、表演、表现形式、知识体系和技能及其有关的工具、实物、工艺品和文化场所。

课文二 对话 🎧

（教室里，刚刚下课，有的同学已经在收拾东西……）

李　东：明天是清明假期，大家注意出行安全，不要去人多的地方。

卡米拉：谢谢老师，祝老师清明节快乐！

李　东：卡米拉，清明节是中国最重要的祭祀和扫墓的日子。这一天是为了纪念已故的亲人，所以绝对不能说祝别人快乐之类的话。

卡米拉：噢，是这样啊！可是在墨西哥，亡灵节是一个喜庆欢快的节日。

李　东：是吗？怎么个喜庆法？快说给我听听。

卡米拉：让安德烈说吧，他是墨西哥人。

安德烈：是的，李老师。在那一天，所有的家庭都要拿着事先准备好的五颜六色的鲜花、食物和扫帚，纷纷前往已故亲人的墓地扫墓，以跳舞欢庆的方式呼唤亡者前来相聚。大家还在家门口的台阶上用撕碎的花瓣铺一条路，欢迎亡者回家呢。您可以看看《寻梦环游记》这部电影。

卡米拉：李老师，墨西哥的庆祝方式是不是很开放，很前卫？

李　东：确实如此。安德烈，给你一项任务，下次上课，请你给同学们完整地介绍一下墨西哥这个特别的节日。

安德烈：收到！保证完成任务！

17.	已故	yǐgù	形 (adj.)	deceased, late	～者，～亲人
18.	欢快	huānkuài	形 (adj.)	lively, cheerful	无比～，～的音乐
19.	事先	shìxiān	名 (n.)	in advance, prior	～准备，～安排
20.	扫帚	sàozhou	名 (n.)	broom, besom	～柄
21.	呼唤	hūhuàn	动 (v.)	to call, to shout to	大声～
22.	台阶	táijiē	名 (n.)	step	上～
23.	撕	sī	动 (v.)	to tear, to rip	～碎，～坏
24.	碎	suì	动 (v.)	to break to pieces, to smash	粉～，打～
25.	铺	pū	动 (v.)	to spread, to unfold	～开，～桌子，～床
26.	部	bù	量 (mw.)	quantifier for describing book, film, video etc.	
27.	开放	kāifàng	形 (adj.)	open-minded, outgoing	思想～，性格～
28.	前卫	qiánwèi	形 (adj.)	avant-garde, fashionable, leading	～的作品，～的服装
29.	完整	wánzhěng	形 (adj.)	complete, integrated, intact	领土～，结构～，～的句子

注 释

亡灵节（wánglíng jié）：墨西哥一年一度的纪念死者的庆典活动。

《寻梦环游记》（Xúnmèng huányóu jì）：由皮克斯制作的动画片，于2017年上映，获得第90届奥斯卡金像奖最佳动画长片奖，电影的灵感源于墨西哥亡灵节。

语言点讲练

一、"纷纷"

（1）表示多而杂乱的样子，可以用于形容雨、雪、落叶、言论、行为等。

例：

1. 秋风吹来，树叶纷纷落在地上。

2. 会议上，大家议论纷纷。

（2）表示接二连三地。

例：

1. 人们**纷纷**捐款捐物，资助灾区人民。

2. 哥哥拿奖学金去中国留学，左邻右舍**纷纷**向他表示祝贺。

用"纷纷"造句。

1. _____（提建议）

2. _____（打电话）

3. _____（落下）

4. _____（退货）

二、"无论如何"

"无论如何"表示在任何条件下，其结果始终不变，常与"都""也"连用。

例：

1. 这件事你**无论如何都**要告诉他。

2. 倔强的弟弟**无论如何也**不肯认输。

3. 如果不是亲眼所见，我**无论如何都**不会相信。

4. 他是我最好的朋友，他遇到了困难，我**无论如何都**要帮他。

用"无论如何"完成下列句子。

1. _____，不然，她知道了会生气的。（做）

2. _____，你就放心吧。（完成）

3. 这次失恋对她的打击很大，_____。（安慰）

4. 出于安全性考虑，_____。（记住）

三、"正值"

"正值"表示正好赶上，即正好处于某个时候。

例：

1. 她们**正值**豆蔻年华。

2. **正值**国庆节，大街小巷好不热闹。

3. 目前**正值**旅游旺季，宾馆的房间都订完了。

4. 北京**正值**秋高气爽之时，大家玩得十分开心。

用"正值"完成对话。

1. A: 为什么沙滩上这么多游客？

 B: _____（暑假）

2. A: 今年的玫瑰花开得真好。

 B: _____（花季）

3. A: _____（重要时期）

 B: 可是我累了，想辞职。

4. A: 怎么大街小巷都挂满了国旗啊？（国庆节）

 B: _____

四、"怎么个+v./adj.+法"

"怎么个+v./adj.+法"表示询问具体情况，期待得到解释和说明。

例：

1. 这个游戏**怎么个玩法**，你教教我。

2. 要涨工资了，也不知道**怎么个涨法**。

3. 听说周末要补课，你知道**怎么个补法**吗？

4. 我都没有去过，请你介绍一下那个地方是**怎么个漂亮法**。

用"怎么个+v./adj.+法"完成句子。

1. 你说这事有办法解决，_____？（解决）

2. 我都没有复习，你说_____？（考）

3. A: 同学们，今天的作文题目是"美丽的家乡"。

 B: 老师，我都没在家乡住过几天，_____。（美丽）

课文一　会话实践

一、根据短文内容回答问题。

1. 清明节是每年的几月几号？

2. 清明节时，人们常常会做些什么？

3. 清明节有哪些传统习俗？

4. 清明节时，除了扫墓，人们还做些什么？

二、根据提示复述。

Ⓐ "清明时节雨_____, 路上_____欲断魂。"每年4月5日前后是中国的传统节日清明节, 又叫"_____"。它是中华民族的一个古老节日, 也是中国最重要的_____节日。

每到清明节的时候, 在外工作的人们无论如何都会赶回家乡_____扫墓, _____。祭祀逝去的亲人, 既是对先辈的尊敬, 也可以_____活着的人如何做人做事, 如何_____父母, _____老人。

清明节祭祖活动往往在郊外进行, 此时_____春暖花开_____。因此, 人们把扫墓和_____结合起来, 既能追思先人, 又可以踏春_____, 亲近自然, 享受春日_____, _____身心健康。清明节既表达了我们对祖先的尊敬, 也表达了对当下美好生活的_____之情。

如今, 还有很多地方一直保留着清明节_____、吃_____的传统风俗。2006年, 清明节被中国政府列入国家级_____名录。

Ⓑ
"……, 路上行人欲断魂。"每年4月5日前后是……, 又叫……。它是……, 也是……。

每到清明节的时候, 在外工作的人们……, ……。祭祀逝去的亲人, 既是……, 也可以……, ……, ……。

清明节祭祖活动……, 此时……。因此, 人们把……, 既……, 又……, ……, 享受……, 有益于……。清明节既表达了……, 也表达了……。

如今, 还有很多地方……、吃……。2006年, 清明节被中国政府列入……。

三、讨论。

说一说你所了解的中国传统节日以及与该节日相关的风俗习惯，并写下来。

	传统节日	风俗习惯
1.		
2.		
3.		
4.		
5.		

四、活学活用。

模仿课文，介绍一个你们国家的传统节日。

（提示：节日名、时间、庆祝方式、风俗习惯、特殊食物……）

课文二　会话实践

一、根据对话内容回答问题。

1. 李老师为什么让大家注意出行安全？
2. 可不可以说"祝老师清明节快乐"？为什么？
3. 墨西哥有没有和清明节类似的节日？
4. 在墨西哥的那个特别节日，人们常常做什么？

二、情景再现。

分角色，有感情地朗读对话，注意语音、语调及不同人物的语气。

1. 祝老师清明节快乐！

2. 这一天是为了纪念已故的亲人，所以绝对不能说祝别人快乐之类的话。

3. 噢，是这样啊！

4. 是吗？怎么个喜庆法？快说给我听听。

5. 收到！保证完成任务！

三、根据提示复述。

Ⓐ 三人一组，根据提示复述课文。

 李东

○ 明天是_____假期，大家注意出行_____，不要去人多的地方。

○ 卡米拉，清明节是中国最重要的_____和_____的日子。这一天是为了纪念_____的亲人，所以绝对不能说祝别人快乐之类的话。

○ 是吗？怎么个_____法？快说给我听听。

○ _____。安德烈，给你一项_____，下次上课，请你给同学们_____地介绍一下墨西哥这个_____的节日。

 卡米拉

○ 谢谢老师，祝老师_____！

○ 噢，是这样啊！可是在墨西哥，亡灵节是一个_____的节日。

○ 让安德烈说吧，他是墨西哥人。

○ 李老师，墨西哥的_____方式是不是很_____，很_____？

 安德烈

○ 是的，李老师。在那一天，所有的家庭都要拿着_____准备好的五颜六色的鲜花、食物和_____，纷纷前往已故亲人的墓地扫墓，以跳舞欢庆的方式_____亡者前来相聚。大家还在家门口的_____上用_____的花瓣_____一条路，欢迎_____回家呢。您可以看看《寻梦环游记》这部_____。

○ 收到！保证完成任务！

Ⓑ
　　明天是……，李老师叫大家……，不要……。卡米拉感谢李老师，并祝……。李老师告诉卡米拉，清明节是……。这一天是为了……，所以绝对……。卡米拉说，在墨西哥，亡灵节是……。李老师想知道……。

　　安德烈是……。他告诉李老师，在那一天，所有的墨西哥家庭都要拿着……，纷纷前往……，……。大家还在家门口……，……。他推荐李老师可以看看……。卡米拉问李老师，墨西哥的庆祝方式……？李老师认为确实如此，他……，让安德烈……。安德烈表示收到，……！

四、讨论。

给逝去的亲人扫墓，应当营造悲伤的气氛，还是欢快的气氛？

五、活学活用。

模仿对话，说说在你的国家，人们怎么纪念逝去的亲人？

（提示：鲜花、扫帚、水果……）

练 习

一、模仿例子，扩展下列词语。

纷纷	纷纷捐图书。→同学们纷纷捐图书。→同学们纷纷向灾区小朋友捐图书和文具。
踏青	
孝敬	
有益于	
坚决	
完整	

二、用下列生词和语言点，谈谈你对中国清明节的认识。

生词　踏青、祭祀、孝敬、春暖花开、扫帚、寒食

语言点　正值、无论如何

（内容提示：日期、风俗习惯、食物、活动……）

三、讨论：清明节是中国的传统节日，有扫墓祭祖等习俗。但如今出现了帮人扫墓、网上祭祀等做法，似乎背离了清明节的初衷，还有人趁清明节的假期到国外旅游。你赞同这样的做法吗？为什么？

拓　展

一、学一学，写一写。根据下列清明放假通知，请拟写一个国庆节放假通知。

清明节放假通知

各学院、各部门：

　　清明节我校放假安排如下：今年4月4日（星期六）是清明节，4月3日至4月5日放假，共3天。4月6日（星期一）正常上课。

××大学校长办公室
×年×月×日

国庆节放假通知

文化拓展

一、读一读，演一演。

清明

（唐）杜牧

清明时节雨纷纷，路上行人欲断魂。

借问酒家何处有，牧童遥指杏花村。

1. 朗读并背诵全诗。
2. 说一说这首诗描述了怎样的故事。
3. 根据此诗编一段对话，并表演出来。

二、读一读，谈一谈。

读读下列的《二十四节气歌》，谈谈你对二十四节气的理解。选择其中五个节气，并说明该节气有什么特色。

二十四节气歌
春雨惊春清谷天，
夏满芒夏暑相连。
秋处露秋寒霜降，
冬雪雪冬小大寒。

序号	汉字	节气	特色（意义、习俗等）
1	春	立春	标志万物开始复苏；有咬春、迎春等习俗
2	雨		
3	惊		
4	春		
5	清		
6	谷		
7	夏		
8	满		
9	芒		
10	夏		
11	暑1		
12	暑2		
13	秋		
14	处		
15	露		
16	秋		
17	寒		
18	霜		
19	冬		
20	雪		
21	雪		
22	冬		
23	寒1		
24	寒2		

14 老有所乐

1. 列举、满意
2. 谈谈老龄化的社会
3. 中国的老人如何颐养天年

热身准备

1. 你觉得多少岁的人可以称为老人？

    A. 60岁以上　　　　B. 70岁以上　　　　C. 80岁以上

2. 你的国家有没有进入人口老龄化的阶段？

    A. 早进入了　　　　B. 刚进入　　　　C. 还没进入　　　　D. 不清楚

3. 你身边的老人退休后喜欢做些什么？

    A. 逛公园，散步，锻炼，遛遛宠物，见见朋友。

    B. 做家务，买菜做饭，洗洗刷刷，收拾屋子。

    C. 照顾孙子孙女，负责上学接送、辅导功课等。

    D. 出去到处逛，包括商场、超市、旅游景点，以及出国游。

    E. 继续工作，干点儿比以前轻松的活儿。

    F. 其他 _____

4. 你觉得比较理想的退休生活是什么样的？

    A. 和孩子们一起生活。

    B. 和老伴一起生活，有时间就和孩子们聚聚。

    C. 住在养老院。

课文一 短文 🎧

　　随着社会老龄化、高龄化现象日趋严重，养老已成为一项世界难题。作为一个面临老龄化和高龄化双重挑战的城市，上海又会有怎样的措施呢？

　　高龄化急速加剧的上海中心城区和老城区正在推行一系列居家养老模式。除此之外，养老服务体系逐渐完善。比如，上海的社区基本都建有老年活动中心，老年人可以去下下棋、打打麻将、跳跳舞；再比如，有的老人一退休就去上老年大学，重温美好的校园时光。

　　上海这座城市正对深度老龄化问题做出自己的回答。据调查，上海老年人幸福指数、生活质量正逐年递增。近年来，上海老年人的平均寿命再创新高，已超过83岁，紧追全球平均寿命最高的日本和瑞士。

1.	面临	miànlín	动（v.）	to be faced with, to be confronted with	～困难，～挑战
2.	双重	shuāngchóng	形（adj.）	double, dual, twofold	～领导，～任务，～性格
3.	措施	cuòshī	名（n.）	measure, step	采取～
4.	加剧	jiājù	动（v.）	to aggravate, to intensify, to exacerbate	病势～，矛盾～
5.	推行	tuīxíng	动（v.）	to carry out, to pursue	～新方法，～措施
6.	系列	xìliè	名（n.）	series, set	～产品，～问题
7.	模式	móshì	名（n.）	model, mode, pattern	发展～，管理～，教学～
8.	服务	fúwù	动（v.）	to serve, to be in the service of	～态度，～行业，为人民～
9.	体系	tǐxì	名（n.）	system, setup	思想～，哲学～，教育～
10.	完善	wánshàn	形（adj.）	perfect, consummate	设备～，体系～，功能～
11.	社区	shèqū	名（n.）	community	居民～，～服务
12.	基本	jīběn	副（adv.）	basically, in the main	～完成，～合格
13.	重温	chóngwēn	动（v.）	to review, to relive	～历史，～旧梦
14.	时光	shíguāng	名（n.）	time, life	～飞逝，欢乐～
15.	幸福	xìngfú	形（adj.）	happy	家庭～，～美满
16.	逐年	zhúnián	副（adv.）	year by year, with each passing year	～增长
17.	递增	dìzēng	动（v.）	to increase progressively	逐年～，税收～
18.	平均	píngjūn	动（v.）	to average	～数，～收入
19.	寿命	shòumìng	名（n.）	life span, lifetime	平均～

注 释

jū jiā yǎng lǎo
居家养老：是指政府、社会力量为居住在家中的老年人提供的社会化服务，主要目的是解决老年人日常生活的困难。

课文二 对话 🎧

（老大爷和老伴儿一起推着婴儿车在公园散步，卡米拉和罗莎追上去采访他们……）

卡米拉：老大爷，早上好！打扰您了，我们是留学生，想采访您一下，可以耽误您几分钟吗？

老大爷：采访什么内容啊？你问吧，能告诉你们的就都告诉你们。

罗　莎：那就劳驾您了。请问您对您退休后的生活满意吗？

老大爷：很满意啊，医疗条件好，社区老年服务设施完善，养老金也不错啊。公园每天开放，我早上都会到公园散散步、遛遛鸟，然后去市场买菜，回家做饭。既健康又轻松，多好啊。

罗　莎：大爷，您的生活真健康！我爷爷奶奶退休后，就在院子里晒晒太阳，根本就不爱动。

老大爷：生命在于运动，要想长寿就要适当运动。

卡米拉：这是您的孙子吗？真可爱。

老大爷：是啊，一有空闲，我和老伴儿都帮着带孙子。毕竟儿女们工作压力太大、太忙，这样一方面可以减少他们的后顾之忧，另一方面我们也可以享受一下天伦之乐。

卡米拉：您可真是为儿女想到家了！

老大爷：能帮一点儿是一点儿。

罗　莎：真令人羡慕，这恐怕也是上海老人长寿的秘诀吧。谢谢您！

20.	劳驾	láojià	动 (v.)	Excuse me! May I trouble you!	～了，～一下
21.	养老金	yǎnglǎo jīn	名 (n.)	old-age pension	
22.	开放	kāifàng	动 (v.)	to be open (to the public), to open up	公园～，图书馆～
23.	遛鸟	liùniǎo	动 (v.)	to take a walk with pet birds	
24.	晒	shài	动 (v.)	to bask, to shine upon	～太阳，～被子
25.	适当	shìdàng	形 (adj.)	appropriate, proper	～的安排，～的时机
26.	孙子	sūnzi	名 (n.)	grandson	带～
27.	空闲	kòngxián	名 (n.)	free, spare time	有～，～时间
28.	后顾之忧	hòugùzhīyōu		fear of disturbance in the rear, trouble back at home	没有～，消除～
29.	天伦之乐	tiānlúnzhīlè		the happiness of a family union, domestic bliss	享受～
30.	秘诀	mìjué	名 (n.)	secret, key	成功的～，长寿的～

语言点讲练

一、"~化"

"~化"是后缀，加在名词或形容词后面，表示变成某种性质或状态。例如"美化""老龄化""高龄化"。

例：

1. 他竭力美化自己。

2. 政府部门正在积极鼓励无纸化办公。

3. 这个小区的绿化做得特别好。

猜一猜下列"~化"的意思，并用所给的词造句。

1. 美化

　　　　　　　　　　　　　　　　　　　　　　　　　　　　　　。

2. 信息化

　　　　　　　　　　　　　　　　　　　　　　　　　　　　　　。

3. 老龄化

　　　　　　　　　　　　　　　　　　　　　　　　　　　　　　。

4. 净化

　　　　　　　　　　　　　　　　　　　　　　　　　　　　　　。

二、"除此之外"

"除此之外"表示除了上述的各种情况，还有其他情况。

例：

1. 要写好作文，只有下功夫多读多练，**除此之外**没有别的办法。

2. 公园里有成片的海棠、月季，**除此之外**还有几丛樱花。

3. 要减肥得少吃多动，**除此之外**还要保证充足的睡眠。

4. 孝敬老人，不仅仅是给钱、买东西，**除此之外**还要多陪伴。

> 用"除此之外"完成句子。

1. 你需要钱和时间，＿＿＿＿＿＿＿＿＿＿＿＿＿＿＿。（努力）

2. 我只知道他是美国人，＿＿＿＿＿＿＿＿＿＿＿＿＿＿。（一无所知）

3. 我们害怕死亡，是因为未知，＿＿＿＿＿＿＿＿＿＿＿＿。（别的）

4. 我们不能选择父母，＿＿＿＿＿＿＿＿＿＿＿＿＿。（一切）

三、"毕竟"

"毕竟"用于强调事实、结论或成因。

例：

1. 爷爷**毕竟**90岁了，腿脚大不如前了。

2. 你要注意礼貌，这儿**毕竟**不是在家里。

3. 你们**毕竟**是学生，一切要以学习为主。

4. 在父母眼里，你**毕竟**还是个孩子。

> 用"毕竟"完成句子。

1. 妈妈不想像以前那样批评她了，＿＿＿＿＿＿＿＿＿＿＿＿。（长大）

2. 虽然他们吵得很凶，但是并没有影响他们的友谊，＿＿＿＿＿＿＿＿。（认识）

3. 你应该耐心地听奶奶把话说完，＿＿＿＿＿＿＿＿＿＿＿。（长辈）

4. 很多事情都要依靠集体的智慧和力量，＿＿＿＿＿＿＿＿＿。（个人）

四、"v.+一点儿是一点儿/多少是多少"

"v.+一点儿是一点儿"表示做得虽然少，但比不做强，相当于"v.+多少是多少"。

例：

1. 袋子就这么大，能装一点儿是一点儿吧。

2. 别着急，今天能写一点儿是一点儿吧。后天才交呢。

3. 吃一点儿是一点儿，不吃饭身体受不了的。

4. A: 还剩半小时了，今天不做了吧。

   B: 做多少是多少嘛，今天多做一点儿，明天就少做一点儿。

（用"v.+一点儿是一点儿/多少是多少"完成对话。）

1. A: 换了这么多衣服，我今天晚上恐怕洗不完了，明天再洗吧。

   B: ＿＿＿＿＿＿＿＿＿＿＿＿＿＿＿＿＿＿＿＿＿＿＿＿。

2. A: 快12点了，明天再写练习吧。

   B: ＿＿＿＿＿＿＿＿＿＿＿＿＿＿＿＿＿＿＿＿＿＿＿＿。

3. A: 明天就考试，你现在就别看书了，放松放松吧。

   B: 没事，＿＿＿＿＿＿＿＿＿＿＿＿＿＿＿＿＿＿＿＿＿。

4. 晚饭就在家吃吧，别出去了，＿＿＿＿＿＿＿＿＿＿＿＿＿＿＿＿＿＿＿。（省）

课文一　会话实践

一、根据短文内容回答问题。

1. 为什么说养老已成为一项世界难题？

2. 上海如何应对老龄化和高龄化问题？

3. 老人们去老年活动中心一般有哪些娱乐活动？

4. 你觉得上海的老年人幸福吗？

二、根据提示复述。

Ⓐ　随着社会老龄化、高龄化现象＿＿＿＿＿＿，养老已成为一项＿＿＿＿＿＿。作为一个＿＿＿＿＿＿老龄化和高龄化＿＿＿＿＿＿的城市，上海又会有怎样的＿＿＿＿＿＿呢？

　　高龄化＿＿＿＿＿＿的上海中心城区和老城区正在＿＿＿＿＿＿一系列居家养老＿＿＿＿＿＿。除此之外，养老＿＿＿＿＿＿逐渐＿＿＿＿＿＿。比如，上海的＿＿＿＿＿＿基本都建有老年＿＿＿＿＿＿，老年人可以去下下棋、打打麻将、跳跳舞；再比如，有的老人一退休就去上老年大学，＿＿＿＿＿＿美好的校园＿＿＿＿＿＿。

　　上海这座城市正对＿＿＿＿＿＿老龄化问题做出自己的回答。据调查，上海老年人＿＿＿＿＿＿、生活质量正＿＿＿＿＿＿。近年来，上海老年人的＿＿＿＿＿＿再创新高，已超过83岁，紧追全球平均寿命最高的日本和瑞士。

Ⓑ

　　随着社会……，养老已成为一项世界难题。作为一个面临……，上海又会有……？

　　……的上海中心城区和老城区正在推行……。除此之外，……。比如，上海的社区……，老年人……；再比如，有的老人一退休就去上老年大学，……。

　　上海这座城市……。据调查，上海老年人……正逐年递增。近年来，……，已超过83岁，紧追全球平均寿命……。

三、讨论。

你觉得人口老龄化会给社会带来哪些困难？说说你的观点，并至少写出三个困难之处。

例：　劳动力减少

1	
2	
3	

四、活学活用。

模仿课文，说说你们国家老人们退休后一般都做些什么？再谈谈国家该如何应对人口老龄化的问题？

课文二　会话实践

一、根据对话内容回答问题。

1. 卡米拉和罗莎去公园做什么？
2. 大爷对退休后的生活满意吗？
3. 罗莎的爷爷奶奶退休后喜欢做什么？
4. 上海老人有什么长寿秘诀？

二、情景再现。

分角色，有感情地朗读对话，注意语音、语调及不同人物的语气。

1. 可以耽误您几分钟吗？
2. 那就劳驾您了。请问您对您退休后的生活满意吗？
3. 您可真是为儿女想到家了！
4. 能帮一点儿是一点儿。
5. 真令人羡慕，这恐怕也是上海老人长寿的秘诀吧。

三、根据提示复述。

Ⓐ 两人一组，根据提示复述课文。

卡米拉

○ 老大爷，早上好！打扰您了，我们是留学生，想采访您一下，可以耽误您几分钟吗？

○ 这是您的_____吗？真可爱。

○ 您可真是为儿女想到家了！

老大爷

○ _____什么内容啊？你问吧，能告诉你们的就都告诉你们。

○ 很满意啊，医疗条件好，社区老年服务设施完善，_____也不错啊。公园每天_____，我早上都会到公园散散步、_____，然后去市场买菜，回家做饭。既健康又轻松，多好啊。

○ 生命在于运动，要想长寿就要_____运动。

○ 是啊，一有_____，我和老伴儿都帮着带孙子。_____儿女们工作压力太大、太忙，这样一方面可以减少他们的_____，另一方面我们也可以享受一下_____。

○ 能帮一点儿是_____。

罗莎

○ 那就_____您了。请问您对您退休后的生活_____吗？

○ 大爷，您的生活真健康！我爷爷奶奶退休后，就在院子里_____太阳，根本就不爱动。

○ 真令人羡慕，这恐怕也是上海老人长寿的_____吧。谢谢您！

Ⓑ

　　卡米拉和罗莎去公园……。老大爷不知道他们要采访什么内容，但还是答应了，说……。罗莎问老大爷对……？

　　老大爷说，很满意啊，……，……，……。公园每天开放，早上……，然后去……，……。既健康又轻松，多好啊。罗莎认为大爷的生活……，而她的爷爷奶奶退休后，就在……，……。老大爷告诉罗莎……，要想长寿……。

　　卡米拉问老大爷推的是不是他的孙子，夸他真可爱。老大爷说是的，还说他和老伴儿一有空闲……。毕竟……，这样一方面……，另一方面……。

　　卡米拉认为老大爷可真是为儿女想到家了。老大爷说，……。罗莎说真令人羡慕，这恐怕……。

四、讨论。

你希望多大年纪退休？你觉得退休对你来说将意味着什么？和班级同学一起讨论，并至少写下三位同学的观点。

姓名	希望退休的年纪	意味着……
卡米拉	50岁	不再工作，生活可以自由一些、疯狂（crazy）一点儿 fēngkuáng

五、活学活用。

模仿课文，编一段对话，说说你的爷爷、奶奶、外公、外婆退休后的生活。

练 习

一、模仿例子，扩展下列词语。

面临	面临困难 → 目前我们面临很多困难。→ 虽然目前我们面临很多困难，但是大家的精神状态非常好。
服务	
基本	
幸福	
晒	
空闲	

二、用下列生词和语言点，谈谈有什么好的解决办法或政策来应对人口老龄化。

生词 措施、推行、完善、开放、适当

语言点 ~化、除此之外、毕竟

三、辩论。

有人觉得辛苦工作一辈子，退休之后就应该好好休息，享受生活；有的人却觉得即使退休，但是还可以继续工作，为社会做出力所能及的贡献。说说你的看法，并至少写出五个理由，全班可分两队，进行辩论。

我的观点	
	1.
	2.
我的理由	3.
	4.
	5.

拓　展

一、去公园里采访两位老人（要求两位老人性别为一男一女）。

1. 性别：＿＿＿＿＿

2. 您现在的年龄在哪个阶段?

    A. 55~65岁　　　　　　　B. 65~75岁　　　　　　　C. 75岁以上

3. 除了养老保险外，您还为养老做了什么其他准备吗?

    A. 没有，由子女抚养

    B. 有，买了房

    C. 有，有储蓄

    D. 有，购买了基金或其他理财产品

    E. 其他

4. 您对退休前的工作和生活状态感觉如何?

    A. 很好，很怀念

    B. 很好，但还是喜欢现在的生活

    C. 还行，不讨厌也不喜欢

    D. 不好，但还是很怀念工作的时候

    E. 不好，一点也不喜欢

5. 您退休后喜欢做些什么?

    A. 去公园散步、锻炼、遛遛宠物，还会常常见见朋友

    B. 做家务：买菜做饭、洗洗刷刷、收拾屋子

    C. 照顾孙子孙女：上学接送、辅导功课

    D. 去商场、超市和旅游景点到处逛逛，有时候还会出国游

    E. 继续工作，干点儿比以前轻松的活儿

    F. 其他＿＿＿＿＿＿＿＿

6. 您觉得退休对您来说意味着什么?

    A. 结束工作，可以结束奋斗

    B. 没有工作，生活可以轻松、自在一点儿

    C. 可以做点儿想做的事，圆自己的梦

    D. 可以好好照顾家庭，享受天伦之乐

    E. 和退休之前没什么区别

    F. 不知道要做什么

7. 您觉得自己退休后的生活怎么样？

    A. 很充实

    B. 比别人丰富一点

    C. 不太好，总觉得缺少点儿东西

    D. 无聊

8. 您还想继续工作吗？

    A. 想，做一些力所能及的工作

    B. 不太想，但是希望可以赚钱

    C. 不想，希望享受生活

9. 您孩子多久回家一次？

    A. 每天都回家吃饭

    B. 一周1~2次

    C. 每月一次

    D. 逢年过节

    E. 很少回家

10. 请问您对目前的退休生活满意吗？为什么？

_____

_____

_____

文化拓展

一、小组活动： 各小组从下列的成语或俗语中挑选两个出来，讨论一下，并用自己的话向全班说一说它们的意思。

颐养天年、返老还童、老有所依、老当益壮

老将出马，一个顶俩；家有一老，如有一宝

老吾老以及人之老，幼吾幼以及人之幼。

二、学一学、唱一唱。

最美不过夕阳红，温馨又从容。

夕阳是晚开的花，夕阳是沉年的酒；

夕阳是迟到的爱，夕阳是未了的情。

多少情爱，化作一片夕阳红。

——《夕阳红》

15 人生的真谛

1.比较、反问
2.谈谈人生的意义
3.谈谈快节奏和慢生活

热身准备

1. 你认为怎样的人生才有意义？

   ☐ 富有　　☐ 成名　　☐ 拥有权力（power）　　☐ 健康、幸福、快乐

2. 你设想过自己的未来吗？

   ☐ 思考过，但还比较迷茫（confused）

   ☐ 很清楚自己的人生要走哪一条路

   ☐ 从未考虑过

3. 你觉得现在的生活节奏是否太快了？说说你的感受。

课文一　短文 🎧

　　人生是人在世上的一次短暂旅行。人生就是一个人用生命去体验并或多或少地留下自己独有痕迹的过程。

　　那么，这段旅程的目的和意义是什么呢？这似乎是一个永恒的哲学命题。有人说是财富，有人说是成功，有人说是奉献，有人说是权力，有人说是快乐，有人说是责任，甚至有人说"神马都是浮云"。

　　世界在前进，社会在发展，似乎万物都在以最快的速度生长、成熟、开花、结果。很多人都相信成名要早，致富要快，哪怕多停留一秒钟就会被这个时代所抛弃。然而，何不尝试着让自己慢下来，等一等自己的精神与灵魂，去寻找内心的平和与快乐？或许，只有这样，我们才能找到人生的真谛。

1. 短暂	duǎnzàn	形（adj.）	short, brief	～的休息，～的交流
2. 痕迹	hénjì	名（n.）	imprint, trace, mark	不露～，留下～
3. 永恒	yǒnghéng	形（adj.）	eternal, perpetual	～不变，～的友谊
4. 哲学	zhéxué	名（n.）	philosophy	～问题
5. 命题	mìngtí	名（n.）	proposition	一个～
6. 财富	cáifù	名（n.）	fortune, wealth	创造～，精神～，自然～

7.	奉献	fèngxiàn	动 (v.)	to dedicate, to devote (to)	～精神，～终生
8.	权力	quánlì	名 (n.)	power, authority	拥有～，国家～机关
9.	前进	qiánjìn	动 (v.)	to advance, to forge ahead, to move forward	继续～，全速～
10.	生长	shēngzhǎng	动 (v.)	to grow, to grow up	不断～，～期
11.	开花	kāihuā	动 (v.)	to bloom	～结果
12.	抛弃	pāoqì	动 (v.)	to abandon, to cast away	～坏习惯，～传统观念
13.	尝试	chángshì	动 (v.)	to try, to attempt	～解决，～一下
14.	真谛	zhēndì	名 (n.)	true meaning, true essence	人生的～，幸福的～

注 释

shénmǎ dōushì fúyún
神 马 都是 浮云：网络流行用语，"神马"与"什么"谐音，这句话表示什么都不值一提，什么都无所谓。

课文二 对话 🎧

（卡米拉与张山在图书馆里，结束学习后聊天……）

卡米拉：一个学期转眼就过去了。说句心里话，真感谢你。

张　山：咱俩谁跟谁啊？别跟我见外。说个正事，我哥的报社招实习生，我推荐你去吧。

卡米拉：谢谢你的美意。但是很抱歉，我不能答应你。我打算假期先去青海看油菜花，再去天津看望朋友。

张　山：这个实习机会很难得，而且日薪高，多少人想去都去不了呢。再说了，油菜花什么时候都能看。

卡米拉：为了拿到好成绩，申请奖学金，我净刻苦学习了。像陀螺一样转个不停，很疲劳。这个假期我要让自己慢下来，寻找自己内心的平衡和平静。

张　山：哎呀，有些旅游景点没去时想去，长途跋涉去了就后悔。在我看来，有时间就应该多攒点儿钱，多攒点儿工作经验。不然，假期就白费了。

卡米拉："慢点儿走，等等自己的灵魂"，我很欣赏这句话。人生很短暂，说不定在奔跑中会错过太多风景。

张　山：可以先工作、挣钱，以后有多余的钱和时间再去旅行嘛。你何必一定要现在去？

卡米拉：相比之下，该学习的时候安心学习，该休息的时候就要好好休息，这样的人生才有意义嘛。好了，咱俩就别争论了。

张　山：好，好，都依你。

15. 报社	bàoshè	名（n.）	newspaper office	一家～，～总编
16. 实习生	shíxíshēng	名（n.）	intern, trainee	暑期～
17. 答应	dāyìng	动（v.）	to answer, to promise	随口～，郑重～
18. 看望	kànwàng	动（v.）	to visit, to call on	～父母，～朋友
19. 难得	nándé	形（adj.）	rare, hard to come by	机会～，人才～
20. 刻苦	kèkǔ	形（adj.）	hardworking, assiduous	～钻研，～学习
21. 陀螺	tuóluó	名（n.）	whipping top (a toy)	抽～
22. 疲劳	píláo	形（adj.）	tired, fatigued	过度～，听觉～

23.	平衡	pínghéng	形（adj.）	balanced	收支~，生态~
24.	平静	píngjìng	形（adj.）	calm	不能~，心情~
25.	长途	chángtú	形（adj.）	long-distance	~旅行，~电话，~汽车
26.	跋涉	báshè	动（v.）	to trek, to trudge	长途~
27.	后悔	hòuhuǐ	动（v.）	to regret, to repent	绝不~，~莫及
28.	攒	zǎn	动（v.）	to save, to accumulate	~钱
29.	不然	bùrán	连（conj.）	otherwise, or else	
30.	说不定	shuō budìng	副（adv.）	perhaps, maybe	~不来了
31.	挣钱	zhèngqián	动（v.）	to make/earn money	~糊口
32.	争论	zhēnglùn	动（v.）	to argue, to dispute	互相~，~不休
33.	依	yī	动（v.）	to comply with, to listen to	不~你

语言点讲练

一、"何不"

"何不"的意思是"为什么不"。经常用反问语气表示建议，可以理解为"应该"或"可以"。

例：

1. 反正有时间，你何不再试一下？

2. 既然有事，何不早说呀？

3. 书店很近，我们何不骑自行车去呢？

4. 今天是周末，何不出去吃顿好的呢？

（用"何不"完成句子。）

1. 既然都生病了，_____？（医院）

2. 你没听明白，_____？（老师）

3. 你手上有多余的钱，_____？（享受）

4. 你的年假一共有十天，_____？（旅游）

二、"跟……见外"

"见外"的意思是把某人当成外人看待。"跟……见外"表示"把……当做外人"。这个结构常用来表达客套。

例：

1. 您就**别跟我们见外**了，远亲不如近邻啊。

2. 你太**跟我见外**了，就帮个小忙，不用一直感谢我。

3. 这孩子十分懂礼貌，**跟我们没有半点见外**。

4. 你**跟我就不用见外**了，轻松点儿。

根据情景用"跟……见外"完成句子。

1. A: 你别客气，就像在自己家一样。

  B: 放心，_____。

2. 你看你，左一句"谢谢"，右一句"谢谢"，_____。

3. 有什么需要的东西跟姐姐说，_____。

三、"净"

"净"表示"光、只、总是、老是"等意思。

例：

1. 你知道什么呀，**净**胡说！

2. 好好学习，别**净**玩游戏。

3. 周末哪儿也没去，**净**睡觉了。

4. 你的书包里怎么**净**带着一些没用的东西？

用"净"完成句子。

1. 这部电影太无聊了，什么也没记住，我_____。（睡觉）

2. 节假日出去旅游的人太多了，_____。（排队）

3. 难得的休息，_____。（陪孩子）

4. 今天的菜太咸了，_____。（喝水）

四、"相比之下"

"相比之下"是一种比较句式，表示两种情况相比较。后面会出现比较的结论。

例：

1. 北京的冬天比较冷。**相比之下**，上海暖和一点儿。

2. 爸爸又高又壮。**相比之下**，妈妈特别娇小。

3. 这条裤子的质量不是很好。**相比之下**，那条裤子的质量好多了。

4. 这套房子又大又亮。**相比之下**，我的房子差多了。

用"相比之下"完成句子。

1. 他非常擅于表达。_____。（思考）
2. 姐姐每次都是班级第一名。_____。（好）
3. A: 你们国家的消费水平和上海差不多吧?

   B: _____。（低）
4. A: 你喜欢黑色还是白色?

   B: _____。（喜欢）

课文一　会话实践

一、根据短文内容回答问题。

1. 课文认为人生是什么?
2. 你认为人生的目的和意义是什么?
3. 什么时候会用"神马都是浮云"这句话?
4. 你喜欢快节奏的生活还是慢下来的生活，为什么?

二、根据提示复述。

Ⓐ　人生是人在世上的一次_____旅行。人生就是一个人用生命去_____并或多或少地留下自己独有的_____的过程。

那么，这段旅程的目的和意义是什么呢? 这似乎是一个永恒的_____命题。有人说是_____，有人说是_____，有人说是_____，有人说是_____，有人说是_____，有人说是_____，甚至有人说"_____"。

世界在_____，社会在_____，似乎万物都在以最快的速度_____、成熟、_____、结果。很多人都相信_____要早，_____要快，哪怕多停留一秒钟就会被这个时代所_____。然而，何不_____着让自己慢下来，等一等自己的_____与_____，去寻找内心的_____与_____? 或许，只有这样，我们才能找到人生的_____。

Ⓑ

　　人生是……。人生就是……并或多或少地……的过程。

　　那么，这段旅程的目的和意义是什么呢？这似乎是……。有人……，有人说是成功，有人……，有人说是权力，有人……，有人说是责任，甚至……。

　　……，……在发展，似乎万物都在以最快的速度……。很多人都相信……，……，哪怕……。然而，何不……，等一等……，去寻找……？或许，只有这样，我们才能……。

三、讨论。

你觉得大学生应该有一个明确的人生目标吗？有的人觉得很有必要，目标就像灯塔，使人明确前进的方向；有的人觉得不需要，因为计划永远赶不上变化。说说你的想法，并写下来。

我的想法	

四、活学活用。

模仿课文，用自己的话说一说你觉得美好的人生应该怎么度过？

提示：应该凡事求快、求结果，还是应该慢下来，惬意地享受生活？

课文二　会话实践

一、根据对话内容回答问题。

1. 张山跟卡米拉说了什么正事？
2. 卡米拉的假期是如何安排的？
3. 张山希望卡米拉假期做什么？
4. 张山觉得什么时候去旅行比较好？

二、情景再现。

分角色，有感情地朗读对话，注意语音、语调及不同人物的语气。

1. 咱俩谁跟谁啊？别跟我见外。
2. 哎呀，有些旅游景点没去时想去，长途跋涉去了就后悔。
3. 你何必一定要现在去？
4. 好了，咱俩就别争论了。
5. 好，好，都依你。

三、根据提示复述。

Ⓐ　两人一组，根据提示复述课文。

卡米拉

○ 一个学期_____就过去了。说句心里话，真感谢你。

○ 谢谢你的美意。但是很抱歉，我不能_____你。我打算假期先去青海看油菜花，再去天津_____朋友。

○ 为了拿到好成绩，申请奖学金，我_____学习了。像_____一样转个不停，很_____。这个假期我要让自己慢下来，寻找自己内心的_____和_____。

○ "慢点儿走，等等自己的灵魂"，我很欣赏这句话。人生很短暂，_____在奔跑中会错过太多风景。

○ 相比之下，该学习的时候_____学习，该休息的时候就要好好休息，这样的人生才有意义嘛。好了，咱俩就别_____了。

张山

○ 咱俩谁跟谁啊？别跟我见外。说个_____，我哥的_____招_____，我_____你去吧。

○ 这个实习机会很_____，而且日薪高，多少人想去都去不了呢。再说了，油菜花什么时候都能看。

○ 哎呀，有些旅游景点没去时想去，_____去了就_____。在我看来，有时间就应该多_____点儿钱，多_____点儿工作经验。_____，假期就白费了。

○ 可以先工作、_____，以后有多余的钱和时间再去旅行嘛。你_____一定要现在去？

○ 好，好，都依你。

Ⓑ

　　一个学期……，卡米拉非常感谢张山。张山说他俩……？……。他还说了个正事，……，……。卡米拉没有答应，她假期打算先去……，再去……。可是张山觉得这个机会……，而且日薪高，……。他说油菜花……。卡米拉说，她为了……，……，净……。像……，很疲劳。这个假期她……，……。

　　张山觉得……，长途跋涉去了就后悔。在他看来，有时间就应该……，……。不然，……。

　　卡米拉很欣赏"……，……"这句话。她觉得……，说不定……。张山认为可以先工作、挣钱，以后……。何必……？卡米拉觉得相比之下，该……，该……，这样的人生才有意义。最后，他俩停止了争论。

四、讨论。

　　有这样一个故事，一个老太太说："我工作了一辈子，终于存够了买房子的钱。"另一个老太太说："我工作了一辈子，终于把银行的房贷还清了。"在第一个老太太捂紧钱包、节衣缩食 jiéyī-suōshí（to live frugally）、奋斗不息 fèndòubùxī（to work hard without a break）的时候，第二个老太太却在潇洒 xiāosǎ（to live in a free and easy style）地借贷 jièdài（to borrow or lend money; to loan）消费、及时行乐 jíshí xínglè（to enjoy pleasure in good time）。如果是你，你会选择哪一种生活方式？

五、活学活用。

　　两人一组，模仿课文，进行对话。A决定假期打工，积累经验的同时，攒钱给自己买20岁的生日礼物（一部新手机）；B劝A不要工作，难得的假期要好好享受，反正现在的手机还能用，不需要换新的。

练 习

一、模仿例子，扩展下列词语。

短暂	人生短暂 → 美好的人生总是很短暂。→ 美好的人生总是很短暂，所以我们要抓住机会及时行乐。
抛弃	
尝试	
刻苦	
后悔	
挣钱	

二、用下列生词和语言点，谈谈如何慢下脚步，欣赏身边的风景。

生词 短暂、永恒、财富、抛弃、难得、疲劳、平静、真谛

语言点 相比之下、何不、净

三、讨论：最近有一句很火的话叫做"我抱起砖头就没办法抱你，放下砖头就没法养你"，请大家谈谈对这句话的看法。

拓　展

辩论：快节奏vs.慢生活

谈谈你的观点并至少说出五个理由，全班可分两队，进行辩论。

（提示：生活要快一点好，效率高，事业步步高升；坚持慢生活，才能看清身边的美好，更好地对待爱自己的人。）

我的观点	
我的理由	1.
	2.
	3.
	4.
	5.

文化拓展

一、朗读下面的诗句，说一说这两首诗的意思，并背诵。

金缕衣

（唐）杜秋娘

劝君莫惜金缕衣，劝君惜取少年时。
花开堪折直须折，莫待无花空折枝。

惜时

（东晋）陶渊明

盛年不重来，一日难再晨。
及时当勉励，岁月不待人。

语言点讲练参考答案

第一课 中式问候

一、"譬如"

1. 周末她常常做家务，譬如扫地、洗衣服、收拾书架等。
2. 中国人打招呼的方式有很多种，譬如"你好""吃了吗""出门哪"等等。
3. 譬如找语伴、交中国朋友等方法，都可以帮助你提高中文水平。
4. 我需要的辅导不少，譬如汉语口语、语法、作文等。

二、"视……而定"

1. 视每个人的性格而定
2. 视具体情况而定
3. 视护照办理的进度而定
4. 这得视我还剩下多少生活费而定

三、"迟早"

1. 迟早要挨批评的
2. 她迟早会知道的
3. 她迟早会原谅你的
4. 你迟早会懂的

四、"v.+得/不过来"

1. 哪反应得过来呀
2. 管得过来吗
3. 肯定做不过来
4. 准备不过来

五、"在+某人+的+v.+下"

1. 在张山的帮助下，我已经准备好了。
2. 在中国朋友的帮助下，我已经适应了。
3. 在罗莎的讲解下，我已经知道了。
4. 在李老师的协助下，卡米拉找到了语伴。

第2课 牛郎织女

一、"不料"

1. 不料今年涨到六万了
2. 不料放学时下大雨了
3. 不料她怀孕了
4. 不料今早没起来，还是迟到了

二、"在这儿瞎+v."

1. 别在这儿瞎猜了
2. 就别在这儿瞎指挥了
3. 就别在这儿瞎教英语了

三、"不愧是……"   1. 李老师教得真好
2. 什么都知道
3. 他写的书法作品真漂亮
4. 不愧是（上海外国语大学的）著名教授

四、"……般"   1. 她的脸像苹果般红。
2. 她的眉毛像月亮般弯。
3. 小女孩的嘴像樱桃般小。
4. 姑娘的皮肤如雪花般洁白。

第3课 异地恋

一、"凡是……都……"   1. 他都不参加
2. 最终都会成功
3. 凡是学校的师生都可以进去

二、"并非"   2. 他说你两句，并非不满意。
他说你两句，并非不满意，是希望你能更好。

3. 他让你多喝热水并非关心你。
他让你多喝热水并非关心你，只是简单礼貌的寒暄。

4. 最贵的东西并非最好。
最贵的东西并非最好，适合的东西才是最好的。

三、"恐怕"   1. 恐怕得走15分钟
2. 恐怕得排半个小时的队
3. 她恐怕已经把我忘记了
4. 恐怕要迟到了

四、"v.+也得+v.，不+v.+也得+v."   1. 今天是罗莎生日，这首歌你唱也得唱，不唱也得唱，别扫大家的兴。
2. 这篇课文你背也得背，不背也得背，明天李老师要检查。
3. 周末的聚会你来也得来，不来也得来，别考虑了。
4. 为了给女朋友买生日礼物，商场你逛也得逛，不逛也得逛。

第4课 同住地球村

一、"日益"   1. 家乡的发展日益加快。
2. 留学生的数量日益增加。
3. 生活水平日益提高。
4. 经过努力，他的学习成绩日益提高。

二、 "说什么也……"

1. 今晚说什么也要好好复习
2. 我说什么也要去一次北京
3. 说什么也要帮我提箱子
4. 我说什么也不会忘记的

三、 "各+v.+各的（+n.）"

1. 他们夫妻俩吵架了，所以早上各吃各的早饭，互不说话。
2. 考试时不要商量，各做各的题目。
3. 这次费用太贵了，咱们还是各买各的机票吧。
4. 你们各拿各的护照，不能代领。

四、 "不至于"

1. 不至于上不了大学
2. 不至于那么匆忙了
3. 这些道理不至于不懂
4. 不至于订不到票

第5课 下载了吗?

一、 "首先……，然后……，再……，最后……"

略

二、 "不单……，还……"

1. 我不单交了很多中国朋友，还交了很多外国朋友
2. 我不单喜欢吃小笼包，还喜欢吃臭豆腐
3. 不单教我们汉语综合课，还辅导我们汉语口语
4. 不单有中级班的学生，还有高级班的学生

三、 "v.+遍"

1. 她利用假期玩儿遍了杭州。
2. 他走遍了所有的书店，也没找到想要的书。
3. 罗莎浏览遍了今早的新闻。
4. 张山是周杰伦的粉丝，听遍了他所有的歌。

四、 "幸好……，不然/否则/要不……"

1. 你今天开车来了
2. 会被大雨淋湿
3. 你帮我复习了课文
4. 我就参加不了

第6课 低头族

一、 "成+m.+成+m.+地+v."

1. 是呀，为了期末考试，成夜成夜地复习。
2. 别提了，最近成天成天地在外面吃饭，也没时间锻炼。
3. 那可不，我成篇成篇地做练习。
4. 我（老婆/女朋友）成天成天地买，怎么可能不多呢。

二、"宁愿……，也不……"　　1. 我宁愿自己一个人在家，也不要跟你们去游泳。
2. 考试时，他宁愿不写，也不愿去抄别人的答案。
3. 路这么滑，她宁愿走路，也不骑自行车。
4. 她宁愿自己受苦，也不让孩子帮忙。

三、"依……看"　　1. 依我看啊，你就别担心了，到时候自然就有办法了。
2. 依大家看，他可能放弃了，这几天好像都没有什么进展。
3. 依我看啊，今天他是不会来了，都这么晚了。
4. 依姐姐看，这件衣服不合适你，你换那件吧。

四、"干脆……"　　1. 干脆帮他打扫干净吧
2. 干脆直接在这儿休息休息吧
3. 咱们干脆别去了

第7课　成功出于勤奋

一、"综上所述"　　becdaf

二、"跟……过不去"　　1. 她总是跟我过不去
2. 跟我过不去
3. 跟自己过不去呢
4. 没有人会跟他过不去

三、"索性"　　1. 索性今天就不出门了
2. 今晚索性熬夜看电影吧
3. 索性都买了
4. 索性在家睡觉吧

四、"别看A，B"　　1. 已经说得很流利了。
2. 可是关系特别好。
3. 别看他长得凶，
4. 别看小王个子不高，

五、"据+v."　　1. 据调查，现在中国老年人的平均寿命是83岁。
2. 据报道，上海地区的房价还会继续上涨。
3. 据通知，10月1号到7号放假，8号正常上班。

第8课　全民健身

一、"肯/不肯"　　1. 他吞吞吐吐，不肯直接回答。
2. 运动场上，他拼尽全力，不肯落后。
3. 这只猫很可爱，肯让人接近。
4. 只有遇到对的人，她才肯结婚。

二、"一方面……，另一方面……"

1. 一方面需要老师的帮助，另一方面也需要自己努力。
2. 一方面需要孔子学院的推荐，另一方面需要学生通过HSK考试。
3. 一方面要加强锻炼，另一方面要少吃。

三、"从而"

1. 从而帮助你战胜困难
2. 从而获得幸福的生活
3. 从而能让人们不断进步
4. 从而保持身体健康

四、"未必"

1. 广告上说的未必是真的。
2. 即使他这么努力，也未必能成功。
3. 他未必不会走。
4. 他平时学得好，未必不能通过。

第9课 我眼中的美

一、"你说……就……（吧）"

1. 你说看就看吧，我陪你去。
2. 你说吃就吃吧，我无所谓。
3. 你说开就开吧，反正我不同意也没用。
4. 你说帅就帅吧。

二、"多少有那么点儿……"

1. 好吧，多少有那么点儿漂亮。
2. 卡米拉挺可爱，多少有那么点儿喜欢。
3. 是的，多少有那么点儿不满意。
4. 一年没回家了，多少有那么点儿想家。

三、"就……而言"

1. 就你现在的汉语水平而言，我觉得可以参加。
2. 就我现在的收入而言，还买不起呢。
3. 就你的成绩而言，完全可以上个好大学。
4. 就颜色而言，我更喜欢那条红色的裙子。

四、"非……不/不可"

1. 不用了，我非"沈大成"的鲜肉月饼不吃。
2. 我就是非她不爱。
3. 我非把这部电影看完不可。
4. 对方公司点名，非小王去不可。

第10课 养生之道

一、"最（再）+adj.+不过"

1. 他再满意不过了
2. 再幸运不过了
3. 再漂亮不过了
4. 再健康不过了

二、"靠得/不住"
1. 他这个人靠得住，你可以相信他。
2. 靠得住还是靠不住，全看你怎么想了。
3. 微博上的消息未必靠得住。

三、"X归X，Y"
1. 忙归忙，还是要按时下班回家。
2. 养生归养生，生病了还是要去医院。
3. 哭归哭，哭完了还是要记得把作业写完。
4. 看归看，也不能天天熬夜啊。

第11课 逃离北上广

一、"一时（的）"
1. 别怕，你只是一时忘记，一会儿就能想起来了。
2. 我们打算结婚，并不是一时冲动。
3. 这不是一时的梦想，这是我一辈子的梦想。
4. 那个主意是她一时的突发奇想。

二、"以至（于）"
1. 以至（于）我现在每天省吃俭用
2. 以至（于）我都不知道该相信什么
3. 以至（于）机器人就能完成很多工作
4. 以至（于）留下了激动的眼泪

三、"意味着"
1. 竞争意味着进步
2. 就意味着没有前途
3. 意味着结束，意味着你需要重新开始

四、"莫非"
1. 莫非他忘记上班了
2. 莫非你父母要你回老家
3. 莫非考试没考好
4. 莫非有人放弃了申请

第12课 餐桌文化

一、"再三"
1. 他再三解释，就怕大家误会他。
2. 妈妈再三提醒他，上课不要迟到。
3. 张山再三拒绝了他的邀请。
4. 老师再三要求我们遵守纪律。

二、"尤其"
1. 今晚的菜都太好吃了，尤其是凉拌黄瓜。
2. 他和家人的关系非常好，尤其是和弟弟最好。
3. 我们班的学生这次考得都特别好，尤其是卡米拉。
4. 他很喜欢交朋友，尤其是比自己年长的朋友。

三、"多半"
1. 她多半没有带手机。
2. 他多半是玩得忘记了时间。
3. 多半是丢了。
4. 他多半是生病了吧。

四、"丝毫"
1. 丝毫没有受到影响
2. 丝毫没有减弱
3. 丝毫不能粗心
4. 他丝毫不担心

第13课 清明时节

一、"纷纷"
1. 大会上大家纷纷提出建议。
2. 听说他考上大学了,亲戚们纷纷打来电话祝贺。
3. 秋天到了,树上的叶子纷纷落下。
4. 这批产品质量不好,顾客们纷纷要求退货。

二、"无论如何"
1. 你无论如何都不能这么做
2. 无论如何我都一定完成计划
3. 今晚你无论如何都要安慰她
4. 这几点要求你无论如何都要记住

三、"正值"
1. 因为正值暑假,大家都放假了。
2. 正值花季,所以玫瑰花开得特别好。
3. 你正值重要时期,要努力工作。
4. 正值国庆节,所以到处都是国旗。

四、"怎么个+v./adj.+法"
1. 到底怎么个解决法
2. 怎么个考法
3. 不知道到底是怎么个美丽法。

第14课 老有所乐

一、"~化"
1. 我们应该大力地美化我们的环境。
2. 现在是信息化的社会。
3. 中国已进入老龄化社会的状态。
4. 植树造林净化空气。

二、"除此之外"
1. 除此之外,你还需要努力
2. 除此之外我一无所知
3. 除此之外没有别的
4. 除此之外,所有的一切我们都可以选择

三、"毕竟"　　　　　　　　1. 毕竟她已经长大了
　　　　　　　　　　　　　2. 毕竟他们认识快20年了
　　　　　　　　　　　　　3. 她毕竟是长辈
　　　　　　　　　　　　　4. 个人的能力毕竟是有限的

四、"v.+一点儿是一点儿/多少是多少"
　　　　　　　　　　　　　1. 今晚能洗一点儿是一点儿/多少是多少吧，明天还得上班呢。
　　　　　　　　　　　　　2. 时间还早，写一点儿是一点儿/多少是多少吧。
　　　　　　　　　　　　　3. 没事，闲着也是闲着，看一点儿是一点儿/多少是多少嘛。
　　　　　　　　　　　　　4. 省一点儿是一点儿/多少是多少嘛。

第15课　人生的真谛

一、"何不"　　　　　　　　1. 何不去医院呢
　　　　　　　　　　　　　2. 何不问问老师
　　　　　　　　　　　　　3. 何不好好享受生活
　　　　　　　　　　　　　4. 何不出去旅游，放松放松呢

二、"跟……见外"　　　　　1. 我不跟你见外
　　　　　　　　　　　　　2. 太跟我见外了
　　　　　　　　　　　　　3. 别跟姐姐见外

三、"净"　　　　　　　　　1. 净在电影院睡觉了
　　　　　　　　　　　　　2. 到每个地方净排队了
　　　　　　　　　　　　　3. 什么也没干，净陪孩子玩儿了
　　　　　　　　　　　　　4. 吃完后我净喝水了

四、"相比之下"　　　　　　1. 相比之下，我更擅于思考
　　　　　　　　　　　　　2. 相比之下，妹妹的成绩就没有那么好了
　　　　　　　　　　　　　3. 相比之下，我们国家的消费水平低多了
　　　　　　　　　　　　　4. 相比之下，我更喜欢白色

生词表

生词	拼音	词性	英文注释	搭配	课文
唉	ài	叹（int.）	alas		2
欸	éi	叹（int.）	to express surprise		1
爱惜	àixī	动（v.）	to cherish, to take great care of	～时间，～身体	1
安安稳稳	ānānwěnwěn	形（adj.）	smooth and steady	生活～，睡得～	11
安慰	ānwèi	动（v.）	to comfort, to console	～病人，多多～	12
安装	ānzhuāng	动（v.）	to install, to set up	～软件，～桌椅	5
岸	àn	名（n.）	bank	河～，～边	2
跋涉	báshè	动（v.）	to trek, to trudge	长途～	15
邦	bāng	名（n.）	nation, country		12
傍晚	bàngwǎn	名（n.）	dusk	～时分	2
报道	bàodào	名（n.）	(news) report	新闻～，体育～	3
报恩	bào'ēn	动（v.）	to requite		2
报社	bàoshè	名（n.）	newspaper office	一家～，～总编	15
被子	bèizi	名（n.）	quilt	盖～，鸭绒～	10
本钱	běnqián	名（n.）	capital, asset	有～	8
本身	běnshēn	代（pron.）	itself		8
本质	běnzhì	名（n.）	nature, essence	～差别，～方面	10
比喻	bǐyù	动（v.）	to make a metaphor	用园丁～教师	2
必然	bìrán	形（adj.）	inevitable, necessary		9
编辑	biānjí	动（v.）	to edit	～文章，～新闻	3
便利	biànlì	形（adj.）	convenient, easy	交通～，生活～	3
标语	biāoyǔ	名（n.）	slogan, poster	宣传～，张贴～	8
表达	biǎodá	动（v.）	to express	～感谢，难以～	1
表面上	biǎomiànshang	副（adv.）	seemingly, outwardly		1
表情	biǎoqíng	名（n.）	expression, look	～包，～严肃	6
表现	biǎoxiàn	动/名（v./n.）	to behave; performance	～自己，～很好	1
薄	báo	形（adj.）	thin	～饼，纸很～	10
薄弱	bóruò	形（adj.）	weak, frail	意志～，技术～	11
补助	bǔzhù	名（n.）	subsidy	发放～，困难～	7
不得了	bùdéliǎo		amazing		2
不见得	bújiànde	副（adv.）	not likely, may not	～对	9
不愧	búkuì	副（adv.）	be worthy of	～是专家	2

不料	búliào	连（conj.）	unexpectedly		2
不耐烦	búnàifán		impatient		6
不然	bùrán	连（conj.）	otherwise, or else		15
不要紧	búyàojǐn	形（adj.）	nothing serious, it doesn't matter	这病～	10
不足	bùzú	形（adj.）	deficient	先天～，估计～	10
部	bù	量（mw.）	quantifier for describing book, film, video etc.		13
财富	cáifù	名（n.）	fortune, wealth	创造～，精神～，自然～	15
采取	cǎiqǔ	动（v.）	to adopt, to take	～行动，～主动	10
参与	cānyù	动（v.）	to participate, to take part in	～讨论，～项目	8
惭愧	cánkuì	形（adj.）	ashamed	感到～，十分～	12
馋	chán	形（adj.）	greedy, gluttonous	嘴～，眼～	5
长途	chángtú	形（adj.）	long-distance	～旅行，～电话，～汽车	15
尝试	chángshì	动（v.）	to try, to attempt	～解决，～一下	15
常见	chángjiàn	形（adj.）	common	十分～	3
常识	chángshí	名（n.）	common sense	安全～，缺乏～，了解～	10
抄	chāo	动（v.）	to copy	～课文，～作业，～袭	3
潮湿	cháoshī	形（adj.）	humid, moist, wet	空气～，地面～	10
炒	chǎo	动（v.）	to stir-fry, to sauté	～菜，糖～栗子	7
彻底	chèdǐ	形（adj.）	thorough, complete	～改变，很～	6
称谓	chēngwèi	名（n.）	appellation, title		1
称赞	chēngzàn	动（v.）	to praise, to acclaim	～朋友，大加～	6
成熟	chéngshú	形（adj.）	mature, ripe, full-grown	条件～，～的意见	8
承担	chéngdān	动（v.）	to undertake, to be charged with	～责任，～工作	6
承受	chéngshòu	动（v.）	to bear, to endure	～压力，～考验	11
诚恳	chéngkěn	形（adj.）	sincere	态度～，言辞～	7
程度	chéngdù	名（n.）	degree	文化～	1
迟早	chízǎo	副（adv.）	sooner or later		1
持久	chíjiǔ	形（adj.）	sustained, lasting, enduring	～和平	8
持续	chíxù	动（v.）	to continue, to sustain	～不断，～增长	11
充足	chōngzú	形（adj.）	enough, adequate	光线～，经费～	10
崇尚	chóngshàng	动（v.）	to advocate	～节俭，～和平	7
出席	chūxí	动（v.）	to be present, to attend	～宴会，～开幕式，正式～	12

初次	chūcì	名（n.）	the first time	～见面	1
传说	chuánshuō	动/名（v./n.）	it is said that...; legend		3
创造	chuàngzào	动（v.）	to create	～故事，～童话	2
春暖花开	chūnnuǎn-huākāi		Spring has come and flowers are in bloom.		13
次要	cìyào	形（adj.）	secondary, less important	～地位	1
从此	cóngcǐ	连（conj.）	since then		2
匆匆忙忙	cōngcōng-mángmáng	副（adv.）	hastily	～聊天	3
促销	cùxiāo	动（v.）	to promote the sale of goods	广告～，～手段	3
村落	cūnluò	名（n.）	village	小～	4
措施	cuòshī	名（n.）	measure, step	采取～	14
搭	dā	动（v.）	to build	～桥	2
达到	dádào	动（v.）	to reach	～目的	1
答应	dāyìng	动（v.）	to answer, to promise	随口～，郑重～	15
打动	dǎdòng	动（v.）	to touch, to move	～人	9
打喷嚏	dǎ pēntì		to sneeze		10
代表	dàibiǎo	名（n.）	representative	学生～，老师～	12
代替	dàitì	动（v.）	to replace, to substitute for	～他人	10
待遇	dàiyù	名（n.）	remuneration, pay, treatment	工资～，优厚的～	11
蛋白质	dànbáizhì	名（n.）	protein	补充～，动物～	10
当地	dāngdì	名（n.）	local	～时间，～风俗	10
当季	dāngjì	名（n.）	current season	新鲜～，～水果	10
当心	dāngxīn	动（v.）	to be careful, to watch out	～地上滑，千万～	7
挡	dǎng	动（v.）	to block, to get in the way of	～住	12
导航	dǎoháng	名（n.）	navigation	电子～，～员，～仪	5
捣乱	dǎoluàn	动（v.）	to make trouble, to create a disturbance	专门～，别～	5
登录	dēnglù	动（v.）	to log on, to register	～账号，～APP	5
抵御	dǐyù	动（v.）	to withstand	～寒冷	10
地区	dìqū	名（n.）	area, district	同一～，高山～	10
地域	dìyù	名（n.）	region, territory	～辽阔，～观念	3
递增	dìzēng	动（v.）	to increase progressively	逐年～，税收～	14
颠覆	diānfù	动（v.）	to overturn, to overthrow	～认知，～历史	6
点击	diǎnjī	动（v.）	to click	～鼠标，～放大，～预览	5

调侃	tiáokǎn	动（v.）	to ridicule, to make fun of	自我~，互相~	6
订单	dìngdān	名（n.）	order (form), order for goods	~数量，跟踪~	7
定居	dìngjū	动（v.）	to settle down	回国~，~上海	3
动漫	dòngmàn	名（n.）	cartoon, animation	看~，~小说	5
动态	dòngtài	名（n.）	trend, dynamic state	~信息，明星~	5
独特	dútè	形（adj.）	unique, special	风格~，~的见解	9
短暂	duǎnzàn	形（adj.）	short, brief	~的休息，~的交流	15
对待	duìdài	动（v.）	to treat, to approach	~工作，~朋友	4
对象	duìxiàng	名（n.）	object, target, marriage partner	恋爱~，研究~	8
多亏	duōkuī	动（v.）	to be lucky to	~他	12
额外	éwài	形（adj.）	extra, additional	~负担，~开支	7
恶劣	èliè	形（adj.）	extremely bad, abominable	品行~，环境~，天气~	7
而已	éryǐ	助（aux.）	just, only	说说~	1
发现	fāxiàn	动（v.）	to discover	~新大陆，~宝藏	2
反而	fǎn'ér	副（adv.）	instead, on the contrary		9
飞速	fēisù	副（adv.）	rapidly	~发展，~前进	3
分离	fēnlí	动（v.）	to separate	不可~，~多年	2
纷纷	fēnfēn	形（adj.）	numerous and confused, one after another	议论~，落叶~	13
风度	fēngdù	名（n.）	demeanour, kindly bearing	有~，~翩翩	4
风景	fēngjǐng	名（n.）	scenery, landscape	~区，~迷人	13
奉献	fèngxiàn	动（v.）	to dedicate, to devote (to)	~精神，~终生	15
夫妻	fūqī	名（n.）	couples, husband and wife	~恩爱	2
肤色	fūsè	名（n.）	skin colour	不同~	4
服务	fúwù	动（v.）	to serve, to be in the service of	~态度，~行业，为人民~	14
辅导	fǔdǎo	动（v.）	to tutor, to give guidance	~员，~学生	1
概念	gàiniàn	名（n.）	concept		4
干脆	gāncuì	副（adv.）	just, simply	~别理他	6
干活儿	gànhuór	动（v.）	to work on a job (oral language)	忙着~	7
感激	gǎnjī	动（v.）	to appreciate, to be grateful to	~某人，~不尽	13
格外	géwài	副（adv.）	especially, extraordinarily	~亲热，~好吃	6
各自	gèzì	代（pron.）	each, individual	~努力，~的计划	4

工程师	gōngchéngshī	名（n.）	engineer		1
工资	gōngzī	名（n.）	salary	发~，高~	11
公开	gōngkāi	形（adj.）	open, public, overt	~招聘，~道歉，~课	11
公筷	gōngkuài	名（n.）	serving chopsticks	使用~	12
公平	gōngpíng	形（adj.）	fair, just	~竞争，~交易	11
公正	gōngzhèng	形（adj.）	impartial, righteous	~诚实，~解决	11
功效	gōngxiào	名（n.）	efficiency, effect	立见~，~显著，最大~	10
恭敬	gōngjìng	形（adj.）	respectful	很~	4
乖	guāi	形（adj.）	well-behaved (used to presuade someone to show a good behavior)	~孩子	6
拐弯	guǎiwān	动（v.）	to turn (a corner), to make a turn	在这儿~，~要慢行	7
关联	guānlián	动（v.）	to connect, to link	互相~，~账号，~信息	5
关系	guānxi	名（n.）	relationship	~亲近	1
光彩夺目	guāngcǎi-duómù	形（adj.）	splendour, radiance		9
光明	guāngmíng	形（adj.）	bright, promising	前途~，前景~	11
广泛	guǎngfàn	形（adj.）	extensive, wide-ranging	内容~，题材~	8
广阔	guǎngkuò	形（adj.）	vast, wide, extensive	~前景，交游~	8
规定	guīdìng	动（v.）	to set, to stipulate	~价格，~标准	4
国际	guójì	形（adj.）	international	~学校，~关系	4
过分	guòfèn	形/副（adj./adv.）	excessive; too much	~关心，太~	6
海鲜	hǎixiān	名（n.）	seafood	~火锅，~过敏	7
嗐	hài	叹（int.）	to express sad or pity		1
好客	hàokè	形（adj.）	hospitable	特别~，热情~	12
号召	hàozhào	动（v.）	to call, to appeal	发出~，响应~	8
何况	hékuàng	连（conj.）	besides, let alone		4
和平	hépíng	名（n.）	peace	~环境，世界~	4
核心	héxīn	名（n.）	core	~作用，~地位	1
痕迹	hénjì	名（n.）	imprint, trace, mark	不露~，留下~	15
后顾之忧	hòugùzhīyōu		fear of disturbance in the rear, trouble back at home	没有~，消除~	14
后悔	hòuhuǐ	动（v.）	to regret, to repent	绝不~，~莫及	15
呼唤	hūhuàn	动（v.）	to call, to shout to	大声~	13
忽然	hūrán	副（adv.）	suddenly, all of a sudden	~下雨了	12
划	huà	动（v.）	to draw	~界限，~定	2

欢快	huānkuài	形（adj.）	lively, cheerful	无比~，~的音乐	13
灰心	huīxīn	动（v.）	to be discouraged	~丧气；不怕失败，只怕~	1
回答	huídá	动（v.）	to answer, to reply	~问题，~不出来	6
会员	huìyuán	名（n.）	membership	~卡，~俱乐部	5
火冒三丈	huǒmàosānzhàng		burst into a fury, fly into a rage		2
基本	jīběn	副（adv.）	basically, in the main	~完成，~合格	14
激励	jīlì	动（v.）	to encourage, to inspire	~学生，~一番	11
激情	jīqíng	名（n.）	passion	燃起~，满怀~	11
记录	jìlù	动（v.）	to record, to take notes of	~生活，~信息	6
祭祀	jìsì	动（v.）	to offer sacrifices (to gods or ancestors)		13
祭祖	jìzǔ	动（v.）	to offer sacrifice to one's ancestors		13
加剧	jiājù	动（v.）	to aggravate, to intensify, to exacerbate	病势~，矛盾~	14
夹菜	jiácài	动（v.）	to get food with chopsticks		12
家庭	jiātíng	名（n.）	family	~成员，幸福的~	1
嘉宾	jiābīn	名（n.）	(distinguished) guest	~满座	12
嫁	jià	动（v.）	to marry	~人，~给我	9
坚贞	jiānzhēn	形（adj.）	faithful		2
监测	jiāncè	动（v.）	to check, to monitor	~环境，~空气	8
建设	jiànshè	动（v.）	to build, to construct	经济~，基本~，~家园	8
渐渐	jiànjiàn	副（adv.）	gradually, by degrees	~暖和起来	6
键	jiàn	名（n.）	key, button	按~，~盘，琴~	5
降临	jiànglín	动（v.）	to befall, to arrive	夜色~，幸福~	9
交融	jiāoróng	动（v.）	mingle	水乳~，相互~	4
郊区	jiāoqū	名（n.）	suburb, outskirt		3
郊游	jiāoyóu	名/动（n./v.）	outing; to go for an outing	去~；一起~	13
焦虑	jiāolǜ	形（adj.）	anxious, troubled	~不安，心情~	6
教养	jiàoyǎng	名（n.）	breeding, upbringing, education	有~	4
结实	jiēshi	形（adj.）	strong, solid, sturdy	身体~	9
界面	jièmiàn	名（n.）	interface	操作~，控制~	5
金	jīn	名（n.）	gold	~项链，~耳环	3
尽力	jìnlì	动（v.）	to try one's best, to do all one can	~干好，~了，~而为	7

进补	jìnbǔ	动（v.）	to take extra nourishment	好好～	10
经典	jīngdiǎn	形（adj.）	classic	～影片，～著作	2
颈椎	jǐngzhuī	名（n.）	cervical vertebra	～病，～疼，～不好	6
纠正	jiūzhèng	动（v.）	to correct, to redress	～错误，～姿势	8
舅舅	jiùjiu	名（n.）	uncle (mother's brother)		10
居然	jūrán	副（adv.）	unexpectedly		1
巨大	jùdà	形（adj.）	huge, enormous	耗费～	11
具有	jùyǒu	动（v.）	to have, to possess	～能力，～意义	3
据说	jùshuō	动（v.）	it is said that..., they say...		7
决心	juéxīn	名（n.）	resolution, determination	～书，下定～	9
开放	kāifàng	动（v.）	to be open (to the public), to open up	公园～，图书馆～	14
开放	kāifàng	形（adj.）	open-minded, outgoing	思想～，性格～	13
开花	kāihuā	动（v.）	to bloom	～结果	15
看不起	kànbuqǐ		to look down upon, to despise	～别人	4
看望	kànwàng	动（v.）	to visit, to call on	～父母，～朋友	15
可见	kějiàn	连（conj.）	so, it follows that		7
可口	kěkǒu	形（adj.）	tasty, delicious	美味～，～的菜肴	10
刻苦	kèkǔ	形（adj.）	hardworking, assiduous	～钻研，～学习	15
空闲	kòngxián	名（n.）	free, spare time	有～，～时间	14
口水	kǒushuǐ	名（n.）	saliva	流～，咽～	5
款	kuǎn	量（mw.）	kind, type	新～，一～，经典～	5
劳驾	láojià	动（v.）	Excuse me! May I trouble you!	～了，～一下	14
理念	lǐniàn	名（n.）	notion, idea, philosophy	健身～，重要～，环保～	8
理由	lǐyóu	名（n.）	reason, argument	～充足，毫无～	6
历来	lìlái	副（adv.）	always, constantly, all long	～如此	7
立即	lìjí	副（adv.）	immediately, at once	～出发，～回答	1
立刻	lìkè	副（adv.）	immediately	～离开，～出发	10
立志	lìzhì	动（v.）	to resolve, to be determined to	暗暗～	5
利弊	lìbì	名（n.）	pros and cons	权衡～，各有～	11
恋爱	liàn'ài	名（n.）	love	～自由，谈～	3
临时	línshí	形（adj.）	temporary	～决定，～抱佛脚	12
灵感	línggǎn	名（n.）	inspiration	寻找～，获得～	7
灵魂	línghún	名（n.）	soul, spirit	纯洁的～，自由的～	9

领导	lǐngdǎo	名（n.）	leader, leadership	国家～，学院～，公司～	12
浏览	liúlǎn	动（v.）	to skim through, to browse	～信息，～新闻	5
流通	liútōng	动（v.）	to circulate	空气～，货币～	8
遛鸟	liùniǎo	动（v.）	to take a walk with pet birds		14
陆续	lùxù	副（adv.）	one after another, in succession	～到达	12
迈向	màixiàng	动（v.）	to stride to, to march toward	～成功，～未来	7
茫茫	mángmáng	形（adj.）	vast	～大海	4
眉	méi	名（n.）	eyebrow	柳叶～	9
美德	měidé	名（n.）	virtue, moral excellence	传统～	7
梦想	mèngxiǎng	名（n.）	dream	实现～，拥有～	11
秘诀	mìjué	名（n.）	secret, key	成功的～，长寿的～	14
密码	mìmǎ	名（n.）	password	手机～，指纹～，数字～	5
免费	miǎnfèi	动（v.）	to cost free	～参观，～医疗	8
面临	miànlín	动（v.）	to be faced with, to be confronted with	～困难，～挑战	14
命令	mìnglìng	动/名（v./n.）	to command; command	～他；一道～	2
命题	mìngtí	名（n.）	proposition	一个～	15
模式	móshì	名（n.）	model, mode, pattern	发展～，管理～，教学～	14
模特儿	mótèr	名（n.）	model	平面～，～秀	9
默认	mòrèn	动（v.）	to tacitly approve, to give tacit consent to	～错误，～现状	4
内在	nèizài	形（adj.）	intrinsic, internal	～美，～想法，～品质	9
难得	nándé	形（adj.）	rare, hard to come by	机会～，人才～	15
闹钟	nàozhōng	名（n.）	alarm clock	定～，～响了	6
能量	néngliàng	名（n.）	energy	～消耗，补充～	10
嗯	ǹ/ňg	叹（int.）	(to express agreement or assent) uh-huh, m-hm, well, yes		5
年代	niándài	名（n.）	age, years, a decade of a century	～久远	11
捏一把汗	niē yìbǎ hàn		to be breathless with anxiety or tension, to be on edge		7
农历	nónglì	名（n.）	lunar calendar		2
浓	nóng	形（adj.）	thick, heavy	～妆	9

盼望	pànwàng	动（v.）	to hope for, to long for	急切～，～成功，～回家	11
抛弃	pāoqì	动（v.）	to abandon, to cast away	～坏习惯，～传统观念	15
朋友圈	péngyouquān	名（n.）	moments (social networking function of APP WeChat, like the posts in Facebook), circle of friends		6
疲劳	píláo	形（adj.）	tired, fatigued	过度～，听觉～	15
偏偏	piānpiān	副（adv.）	just, only, wilfully	～喜欢你，～不听	7
频繁	pínfán	形（adj.）	frequent	活动～，见面～	4
平等	píngděng	形（adj.）	equal	男女～，～互利	4
平衡	pínghéng	形（adj.）	balanced	收支～，生态～	15
平静	píngjìng	形（adj.）	calm	不能～，心情～	15
平均	píngjūn	动（v.）	to average	～数，～收入	14
评价	píngjià	名（n.）	comment, evaluation	很高的～	5
评论	pínglùn	动（v.）	to comment on, to discuss	～时事	6
屏幕	píngmù	名（n.）	screen	电子～，电脑～	5
迫不及待	pòbùjídài		can't wait to, to be anxious to do sth.		5
迫使	pòshǐ	动（v.）	to force, to compel	～某人……	6
铺	pū	动（v.）	to spread, to unfold	～开，～桌子，～床	13
普遍	pǔbiàn	形（adj.）	common, general, universal	～性，～现象，十分～	3
齐	qí	形（adj.）	all ready, all present	准备～了	6
器材	qìcái	名（n.）	equipment, material	运动～，实验～，照相～	8
千方百计	qiānfāng-bǎijì		do one's utmost to, make every attempt to		12
谦虚	qiānxū	形（adj.）	modest	～谨慎	9
前进	qiánjìn	动（v.）	to advance, to forge ahead, to move forward	继续～，全速～	15
前途	qiántú	名（n.）	prospect, future	大有～，～乐观	11
前卫	qiánwèi	形（adj.）	avant-garde, fashionable, leading	～的作品，～的服装	13
强调	qiángdiào	动（v.）	to emphasize, to underline	～说明，～意见	12
悄悄	qiāoqiāo	副（adv.）	quietly	～地	2
亲密	qīnmì	形（adj.）	close, intimate	非常～，～的朋友	1
勤劳	qínláo	形（adj.）	diligent, industrious	～勇敢，～致富	7

清晰	qīngxī	形（adj.）	clear	发音～，～可见	5
情景	qíngjǐng	名（n.）	scene, situation	感人的～，～对话	12
全力以赴	quánlìyǐfù		to go all out, to make an all-out effort		9
权衡	quánhéng	动（v.）	to weigh, to balance	～得失	11
权力	quánlì	名（n.）	power, authority	拥有～，国家～机关	15
嚷嚷	rāngrang	动（v.）	to make a noise, to shout	冲别人～，瞎～	11
热爱	rè'ài	动（v.）	to love	～生活，～祖国	3
热情	rèqíng	名（n.）	enthusiasm, passion	工作～，～洋溢	12
人间	rénjiān	名（n.）	mortal world		2
日常	rìcháng	形（adj.）	daily, routine	～生活，～活动	6
日趋	rìqū	副（adv.）	gradually, with each passing day	～繁荣，～成熟	8
日益	rìyì	副（adv.）	increasingly, day by day	～改善	4
日子	rìzi	名（n.）	day, life, livelihood	过～，好～	11
融合	rónghé	动（v.）	blend	文化～，～在一起	4
如今	rújīn	名（n.）	nowadays		3
扫描	sǎomiáo	动（v.）	to scan	～文件，激光～	5
扫帚	sàozhou	名（n.）	broom, besom	～柄	13
傻	shǎ	形（adj.）	silly, stupid	～呼呼，～里～气	12
晒	shài	动（v.）	to bask, to shine upon	～太阳，～被子	14
商场	shāngchǎng	名（n.）	shopping mall	购物～，大型～	3
设施	shèshī	名（n.）	installation, facility	生活～，服务～	8
社区	shèqū	名（n.）	community	居民～，～服务	14
绅士	shēnshì	名（n.）	gentleman, gentry	～风度	4
神速	shénsù	形（adj.）	pretty quick, rapid	回答～	1
审美	shěnměi	动（v.）	to appreciate the beauty	～能力，～方法	9
生长	shēngzhǎng	动（v.）	to grow, to grow up	不断～，～期	15
时差	shíchā	名（n.）	time difference, jet lag	习惯～	3
时光	shíguāng	名（n.）	time, life	～飞逝，欢乐～	14
时空	shíkōng	名（n.）	space-time, time and space	～观念	4
实施	shíshī	动（v.）	to implement, to carry out	～方案，～计划	8
实习生	shíxíshēng	名（n.）	intern, trainee	暑期～	15
实用	shíyòng	形（adj.）	practical, functional	美观～，～信息，方便～	5
食物	shíwù	名（n.）	food	购买～，～清单	6
市区	shìqū	名（n.）	urban area, downtown area		3

事先	shìxiān	名（n.）	in advance, prior	～准备，～安排	13
视力	shìlì	名（n.）	vision, sight	～差，检查～，恢复～	6
适当	shìdàng	形（adj.）	appropriate, proper	～的安排，～的时机	14
逝去	shìqù	动（v.）	to pass away	～的青春	13
首先	shǒuxiān	连（conj.）	first		5
寿命	shòumìng	名（n.）	life span, lifetime	平均～	14
受伤	shòushāng	动（v.）	to be injured, to be wounded	～很轻，头部～	8
受益无穷	shòuyì wúqióng		to have unlimited benefits		8
刷	shuā	动（v.）	to glance over, to skim through, to swipe through	～手机，～朋友圈，～屏	6
摔倒	shuāidǎo	动（v.）	to fall over, to slip and fall		7
双重	shuāngchóng	形（adj.）	double, dual, twofold	～领导，～任务，～性格	14
说不定	shuō budìng	副（adv.）	perhaps, maybe	～不来了	15
说服	shuōfú	动（v.）	to persuade, to convince	～别人；耐心～	4
说明	shuōmíng	名（n.）	illustration, instruction, caption	附上～，情况～，使用～	8
丝毫	sīháo	形（adj.）	(usu. in the negative) the slightest amount or degree, a bit	～不，～不变	12
私教	sījiào	名（n.）	personal trainer		8
撕	sī	动（v.）	to tear, to rip	～碎，～坏	13
塑造	sùzào	动（v.）	to model	～形象	9
碎	suì	动（v.）	to break to pieces, to smash	粉～，打～	13
孙子	sūnzi	名（n.）	grandson	带～	14
缩短	suōduǎn	动（v.）	to shorten	～时间，～距离	4
踏青	tàqīng	动（v.）	to walk on the green grass, to go for a walk in spring		13
台风	táifēng	名（n.）	typhoon	刮～，十二级～	7
台阶	táijiē	名（n.）	step	上～	13
逃	táo	动（v.）	to escape, to run away	～离，～走，～跑	11
提成	tíchéng	名（n.）	commission	拿～，利润～	7
提醒	tíxǐng	动（v.）	to remind, to call attention to	～大家，互相～	8
提议	tíyì	名（n.）	proposal, motion	通过～，好～	4
体会	tǐhuì	名（n.）	understanding, experience	深有～，个人的～	3

体贴	tǐtiē	动（v.）	to show consideration for, to give every care to	～病人，～入微	9
体系	tǐxì	名（n.）	system, setup	思想～，哲学～，教育～	14
体现	tǐxiàn	动（v.）	to embody, to reflect		4
天才	tiāncái	名（n.）	genius, talent	～少年，音乐～	7
天空	tiānkōng	名（n.）	sky	蓝蓝的～	2
天伦之乐	tiānlúnzhīlè		the happiness of a family union, domestic bliss	享受～	14
天生	tiānshēng	形（adj.）	inborn, inherent, innate	～丽质，～一对	9
天真	tiānzhēn	形（adj.）	innocent, artless	～可爱，～的想法	12
通讯	tōngxùn	动（v.）	to communicate	～技术	3
痛苦	tòngkǔ	形（adj.）	painful, miserable	非常～，～的体会	3
图片	túpiàn	名（n.）	picture, photograph	～说明，～展览	8
途径	tújìng	名（n.）	approach, way, channel	唯一～，各种～	7
团聚	tuánjù	动（v.）	to reunite	全家～	2
推辞	tuīcí	动（v.）	to decline (an appointment, invitation, etc.)	故意～，～再三	12
推行	tuīxíng	动（v.）	to carry out, to pursue	～新方法，～措施	14
陀螺	tuóluó	名（n.）	whipping top (a toy)	抽～	15
哇	wā	叹（int.）	wow		2
外地	wàidì	名（n.）	other places	在～	3
外公	wàigōng	名（n.）	grandfather		10
完善	wánshàn	形（adj.）	perfect, consummate	设备～，体系～，功能～	14
完整	wánzhěng	形（adj.）	complete, integrated, intact	领土～，结构～，～的句子	13
万一	wànyī	连（conj.）	what if, (just) in case		5
微笑	wēixiào	动（v.）	to smile	～服务	12
唯一	wéiyī	形（adj.）	only, sole	～的办法，～的亲人	7
维生素	wéishēngsù	名（n.）	vitamin	缺乏～，补充～	10
未来	wèilái	名（n.）	future	展望～，光明的～	11
温柔	wēnróu	形（adj.）	tender, gentle and soft	～可亲，～的眼神	9
问候	wènhòu	动/名（v./n.）	to greet; greeting	～家人，朋友的～	1
无数	wúshù	形（adj.）	countless	～星星	2
五官	wǔguān	名（n.）	five sense organs, facial features	～端正，～精致	9
物质	wùzhì	名（n.）	material	营养～，～生活，～奖励	10
吸收	xīshōu	动（v.）	to absorb, to assimilate	～营养，～意见	10

系列	xìliè	名（n.）	series, set	~产品，~问题	14
系统	xìtǒng	形（adj.）	systematic	~学习，~研究，不够~	8
下降	xiàjiàng	动（v.）	to decrease, to decline	体重~，视力~	6
夏令营	xiàlìngyíng	名（n.）	summer camp	参加~	3
先辈	xiānbèi	名（n.）	elder generation, ancestors		13
显然	xiǎnrán	形（adj.）	obvious, evident	很~	9
现象	xiànxiàng	名（n.）	phenomenon	社会~，正常~	3
相对	xiāngduì	形（adj.）	relative, comparative	~稳定，~优势	11
相依为命	xiāngyī-wéimìng		depended on each other		2
项链	xiàngliàn	名（n.）	necklace	珍珠~，一条~	3
象征	xiàngzhēng	动（v.）	to symbolize	~光明	2
孝敬	xiàojìng	动（v.）	to show filial respect for	~长辈，~公婆	13
泄露	xièlòu	动（v.）	to leak, to divulge	~信息，~秘密	5
心灵	xīnlíng	名（n.）	heart, mind, soul	幼小的~，美好的~	9
行人	xíngrén	名（n.）	pedestrian, foot traveller	~稀少	13
形式	xíngshì	名（n.）	form	作文~，艺术~	1
幸福	xìngfú	形（adj.）	happy	家庭~，~美满	14
幸亏	xìngkuī	副（adv.）	luckily, fortunately	~你提醒	7
性别	xìngbié	名（n.）	gender		4
修图	xiūtú	动（v.）	to retouch a photo	~软件，修一下图	6
询问	xúnwèn	动（v.）	to enquire, to ask about	~情况，~意见	1
训练	xùnliàn	动（v.）	to train, to drill	~班，业务~，拓展~	8
迅速	xùnsù	形（adj.）	rapid	发展~，反应~	4
严寒	yánhán	形（adj.）	freezingly cold, extremely cold	天气~，~地区	10
炎热	yánrè	形（adj.）	scorching, (very) hot	天气~，非常~	10
宴会	yànhuì	名（n.）	banquet, feast, dinner party	参加~，欢迎~	12
养老金	yǎnglǎo jīn	名（n.）	old-age pension		14
遥远	yáoyuǎn	形（adj.）	remote, distant	~的地方	6
夜	yè	名（n.）	night, nighttime	~生活	4
一望无际	yíwàng-wújì		a boundless stretch of as far as the eyes can reach		2
依	yī	动（v.）	to comply with, to listen to	不~你	15
依据	yījù	动（v.）	to listen to, to comply with	~法律，~情况	10

已故	yǐgù	形（adj.）	deceased, late	～者，～亲人	13
引导	yǐndǎo	动（v.）	to lead, to guide	～参观	7
英俊	yīngjùn	形（adj.）	handsome, brilliant	～潇洒	9
赢	yíng	动（v.）	to win	～了，～得	7
永恒	yǒnghéng	形（adj.）	eternal, perpetual	～不变，～的友谊	15
用户	yònghù	名（n.）	user, subscriber	手机～，～信息	6
优惠券	yōuhuìquàn	名（n.）	coupon	领取～，两张～	5
有利于	yǒulì yú		to be good for	～健康	10
有益于	yǒuyì yú	动（v.）	to be beneficial for, to be good for	～学习，～生活	13
娱乐	yúlè	名（n.）	entertainment	～场所，～方式	5
宇宙	yǔzhòu	名（n.）	universe	整个～	4
语气	yǔqì	名（n.）	tone, manner of speaking	～不好	1
玉米烙	yùmǐlào	名（n.）	corn bake/pancake		7
预订	yùdìng	动（v.）	to book, to reserve	～房间，电话～，网上～	5
预料	yùliào	动（v.）	to predict, to expect	准确～	9
冤枉	yuānwang	形（adj.）	undeserved, not worthwhile	～钱，真～	8
再三	zàisān	副（adv.）	over and over again, time and again	～要求，考虑～	12
攒	zǎn	动（v.）	to save, to accumulate	～钱	15
赞美	zànměi	动（v.）	to praise, to eulogize	～别人，由衷地～	7
责备	zébèi	动（v.）	to blame, to reproach	受到～，～某人	12
曾经	céngjīng	副（adv.）	once, in the past		11
账号	zhànghào	名（n.）	account number, username	银行～，游戏～	5
哲学	zhéxué	名（n.）	philosophy	～问题	15
真谛	zhēndì	名（n.）	true meaning, true essence	人生的～，幸福的～	15
争论	zhēnglùn	动（v.）	to argue, to dispute	互相～，～不休	15
挣钱	zhèngqián	动（v.）	to make/earn money	～糊口	15
整个	zhěnggè	名（n.）	whole, entire	～上午，～社会	4
正对	zhèngduì	副（adv.）	directly facing, over against	～大门	12
正值	zhèngzhí	副（adv.）	just when, just at the time of	～冬季，～毕业季	13
之际	zhījì		at the time of	毕业～，新年伊始～	13
直	zhí	形/副（adj./adv.）	straight; direct	～性子，心～口快，～说	1
职业	zhíyè	名（n.）	occupation	我的～，～运动员	1

指引	zhǐyǐn	动（v.）	to guide, to point (the way)	～方向，～某人	8
智慧	zhìhuì	名（n.）	intelligence, wisdom	有～，集体的～	9
智能手机	zhìnéng shǒujī	名（n.）	smartphone		6
种族	zhǒngzú	名（n.）	race	不同～	4
重色轻友	zhòngsè-qīngyǒu		dates before mates		3
重温	chóngwēn	动（v.）	to review, to relive	～历史，～旧梦	14
周到	zhōudào	形（adj.）	thoughtful, considerate	考虑～，服务～	12
粥	zhōu	名（n.）	porridge	喝～，皮蛋瘦肉～	10
逐年	zhúnián	副（adv.）	year by year, with each passing year	～增长	14
主人	zhǔrén	名（n.）	host, hostess, owner	女～，房屋～	12
主题	zhǔtí	名（n.）	theme, subject, topic	～词，讨论的～	4
主张	zhǔzhāng	动（v.）	to advocate, to propose	～和平	11
抓紧	zhuājǐn	动（v.）	to firmly grasp, to pay close attention to	～时间，～学习	7
追思	zhuīsī	动（v.）	to recall, to reminisce	～往事、～先人	13
着凉	zháoliáng	动（v.）	to catch cold	当心～	10
资源	zīyuán	名（n.）	resource	～丰富，水～，网络～	11
自由	zìyóu	名（n.）	freedom, liberty	来去～，～选择	11
总算	zǒngsuàn	副（adv.）	finally, at long last	～对了，～晴了	6
阻碍	zǔài	名（n.）	obstacles	毫无～	3
尊敬	zūnjìng	动（v.）	to respect	～老师，受人～	1
作文	zuòwén	名（n.）	composition	写～，～比赛	3
座次	zuòcì	名（n.）	order of seats, seating arrangements	排～，～表	12